今すぐ自分を売り出す1行を作れ

コピーライター
さわらぎ寛子
Hiroko Sawaragi

大和書房

はじめに

　この本は、特別な才能やスキルなんてなくても、誰もが「自分の名前」で生きていくために、「自分を売り出す1行」を作ろうという実践的な本です。

　今ある会社や仕事が5年後、10年後もあるとは限らない時代に、「このまま今の会社にいていいのだろうか」「やりたいことを仕事にしたいけど、どうすればいいんだろう」「本当は何をやりたいのかわからない」と多くの人が不安を抱えて生きているように見えます。

　この大きな変化の中で求められるのは、**「自分が何者か。誰にどんな価値を提供できるのか」を「自分の言葉で」伝える力**です。
「自分を売り出す1行」は、自分のキャッチコピーのようなものです。

　たとえば、あなたは初めて会った人に、どんな風に自分のことを話しますか?

自分を売り出せない人の自己紹介

○○会社で営業をしています。今は、新製品の痩せるボディスーツを売っています。これがなかなか好評でして、芸能人の××さんもご愛用です。今日は、お試しの痩せるサプリをお持ちしました

ウェブデザインをしています。飲食店や食品メーカーのホームページやECサイトの構築、あ、最近はランディングページの作成なども増えています。申し込みが増えたとよく言われます！

コンサルティング会社で働いています。でも、文章を書くのが得意で、ライターの活動もしています。あと、NPO法人も手伝っていて、そこのホームページでコラムを書いたりもしています

普通の主婦です。子どもが小学校に入るまでに、何かを始めたいと思って、アロマや子育てコーチングの資格を取りました。と言っても、まだ何もしていないのですが……。子どもは、5歳と2歳の男の子と女の子です

　こんな感じが多いのではないでしょうか。どうでしょう。印象に残りますか？　3日経って、その人が言っていたことを思い出せるでしょうか。

　あれもこれも言いたい、自分の良さをとにかく伝えたい！という勢いだけが伝わる人、自分がやっていることを並べただけで「色々やっている人」という印象しか残らない人、自信がないのか控えめな人。これでは、初対面の人にあなたの価値を伝えることができません。そこに、「自分を売り出す1行」があるとどうでしょう。

自分を売り出せる人の自己紹介

「**稼げる男をダイエットで作る**」○○（名前）です。体が重くてすぐ疲れてしまう人が、仕事で成果を上げるための体作りをサポートしています

「**これ食べたい！をデザインする**」○○（名前）です。いい商品なのに売れない、もっと口コミを増やしたいと願う飲食店が、SNSで話題になるサイトデザインをしています

「**言葉で仕事をつくりだす**」○○（名前）です。自分の言葉で仕事を生み出す人を増やすために、3つの活動をしています。コンサルティング会社の秘書、ライター、NPO活動です

「**ママのはじめの一歩になる**」○○（名前）です。子育て中で自分の時間がないけれど、何かを始めたいママが一歩を踏み出せる場を作っています

　名前の前に、「自分を売り出す1行」を入れる。それだけでグッと印象に残り、「**あ、あの時あんな人がいたな**」、「**あの人に聞いてみよう**」と思い出してもらえる確率が上がります。

　自分にキャッチコピーを作ると言っても、ただ面白いもの、キャッチーなフレーズをつければいいというわけではありません。テレビで芸人さんが登場するときに叫ばれるような「インパクト重視」のフレーズではビジネスの場ではサムいだけです。そうではなく、相手があなたを一瞬で見つけ理解してくれるもの、そしてこれからの自分が進む指針になるものを作りましょう。

☑「自分を売り出す1行」は、誰にでも作れる

　この本は、会社の肩書きではなく個人の名前（ブランド）で勝負したいと思っている人や、これまでのノウハウや経験を生かしてビジネスをしたい人に向けて書きました。

　私が20年間コピーライターとして、「商品やサービスがどうすれば売れるか」を考え「言語化」してきた方法を、「人」に置き換えて生み出した新しいメソッドです。

　起業したい人、副業を成功させたい人、フリーランスで働いている人、子育てがひと段落して何かを始めたい人、退職前の人、会社の中で影響力を強めたい人、就職活動中の人、ブログなどで発信している（したい）人、セミナー講師・コーチ・サロン運営など個人事業主の人、企業の経営者など、「自分の価値を見つけ、それを相手に伝えたい」すべての人に役立ちます。

「自分を表現する方法」や「伝える方法」、または起業家など特別な人向けの「自分をブランディングする方法」はたくさんありますが、それだけではうまくいきません。

　なぜなら、そもそも自分が何者か、自分の価値がどこにあるのかを分かっていない人が多いからです。

　この本では、「自分の価値を見つけ」て、それを「相手が求めるものに変換する」という方法で、まだ自分のウリや強みがわかっていない人でも、「自分を売り出す1行」が作れるように構成しました。ワークをやっていく中で、「誰に」「何を」「どうやって」伝えればいいかが身につきます。

☑「自分を売り出す1行」を作るメリット

「自分を売り出す1行」を作るメリットは、

・やりたいことが明確になる

・自分の経験やスキルを仕事にできる

・自分の名前で仕事ができるようになる

・あふれる情報の中から相手に見つけてもらえる

・思いに共感する理想のお客様が増える

・価格競争から抜け出せる

・やりたいことや仕事（活動）が複数ある人が、自分を分かりやすく伝えられる

・「あなただから」お願いしたいと言われるようになる

・ファンが増える

・オンリーワンの存在になれる

・自分はここに向かっていけばいいという「ぶれない軸」ができる

・人生の羅針盤が得られる

「自分を売り出す1行」は、こんなところに使えます。

・ブログやホームページ、SNSのヘッダー

・名刺

・自己紹介

・自己PR

・エントリーシート

・プロフィール

・企画書、提案書

・セミナーやイベントの企画やタイトル

・企業や部署・店舗やコミュニティの士気向上　など

☑「自分を売り出す1行」とは、こんなものだ

　自分を売り出すキャッチコピーは、あくまでも、相手に興味を持ってもらうためのものです。

　キャッチコピーだけで、「すべてを伝えよう」としてはいけません。

　キャッチコピーだけですべてを伝えようとすると、長くなるか、漠然としたものになってしまいます。

　そうではなくて、見た人・聞いた人が「自分に関係ある」「私に向かって言っている」と思うような強いコピーを作りましょう。

　キャッチコピーと名前だけでは伝わりにくい場合は、補足として「サブコピー」と呼ばれる説明するためのコピーを作ります。サブコピーは、自分のコンセプトになるようなものです。一番言いたいことを、まじめに語るコピーと言えるでしょう。

　サブコピーに言いたいことが入っていれば、キャッチコピーは自由に考えられます。

　ですので、私の講座やセミナーでは、まずサブコピーを作って、そこからキャッチコピーを考えるという方法をとっています。

　キャッチコピーだけで伝わる、補足はいらないという場合は、サブコピーはカットしても構いません。

　キャッチコピーとサブコピーの後に、自分の肩書きや事業内容などを書けばOKです。

　これが、「自分を売り出す1行」の基本パターンになります。

「自分を売り出す1行」の基本パターン

自分の言葉で、生きていく。　← キャッチコピー

自分の価値を自分の言葉で伝えられれば、
仕事はゼロからつくりだせる　← サブコピー（説明コピー）

コピーライター〈広告制作・講師・企業研修〉　← 肩書、事業内容

さわらぎ寛子　← 氏名

☑ キャッチコピーは、人生の羅針盤になる

　私は今、講座やワークショップで、毎月100名近くの方とキャッチコピーを作っています。お店や会社に付けるキャッチコピー、商品やサービスに付けるキャッチコピー、名刺やホームページに入れるキャッチコピー、セミナーやイベントのタイトル、ブログやメルマガのタイトルなどあらゆるキャッチコピーを作ります。講座やワークショップには、個人事業主や起業家の方も多く来られます。その方たちにとっては、「自分＝商品」です。

　今は、「何を買うかよりも誰から買うかが重視される時代」と言われています。この人が言うなら欲しい、この人が売っているなら買いたい、この人に会えるなら参加したい、それが「自分をブランド化する」ということです。

今まで講座やワークショップで一緒にキャッチコピーを作ってきた人からは、「商品やサービスの売上が上がった」「セミナーや講座の集客が上手くいくようになった」という声のほかに、「自分の進むべき道が見えた」「このキャッチコピーが私を引っぱってくれるようです」「私にとっては、このキャッチコピーがすべてです」というような感想をたくさんもらうようになりました。

　キャッチコピーは、ただ商品やサービスを「売るためのもの」ではありません。ましてや、「上手いこと言って買わせるためのもの」ではないと私は思っています。

　自分にキャッチコピーを作った人の中には、その時は「私にはもったいない気がする」という人もいます。でも、半年後、1年後、その言葉がその人を引き上げてくれるのです。

　<u>そこに向かっていけばいいという、ぶれない軸を持てることは、今の時代とても強い武器になります。</u>

> **「自分を売り出す1行」の3原則**
>
> 1. あなたの価値を一瞬で相手に伝えるもの
> 2. 自分の指針になるもの
> 3. ありきたりではないもの

☑「自分を売り出す1行」があるとき、ないとき

　たとえば名刺。会社員の場合、会社名、部署名、肩書き、氏名というのが一般的です。しかし、「アカウントエグゼクティブ」などのような肩書きは、同業者以外には伝わりにくいと言えます。何を

する人か、この人が自分に何をしてくれるのかが名刺を見ただけではわかりません。

　そこで次のページのように「自分を売り出す1行」を入れてみます。「ヒットには法則がある。」これがキャッチコピー。補足として「企業の価値を、売れるコンテンツに変える」というサブコピーを入れました。どうでしょう？

　この人が何をしてくれる人か、この人に頼めば、自分のビジネスにどんないいことがあるか、イメージが広がるのではないでしょうか。

　個人起業家の場合も、よくあるのが、資格や活動内容をズラーッと書いているパターンです。なんかいろいろできそうな感じは伝わりますが、この人のサロンに行けばどうなるのか？　全く分かりません。そこで「自分を売り出す1行」を入れてみました。「自信は、肌に出る。」というキャッチコピーと、「アロマで年齢に負けない肌へ」というサブコピーです。資格は、名前の下に入れるだけで十分です。

　ここに行けばどうなるか、この人にかかわることで自分がどうなれるか？　見た人のイメージが広がる名刺になりました。

　また、よく名刺に「私の思い」や「ビジョン」などを書いている人も見受けられます。たとえば、「人との出会いを大切に、日々成長することで、社会に貢献していきます」というようなことです。それは立派な思いなのですが、それを見ても、「だから？」としか相手は思わないでしょう。人は自分に関係あることしか、興味がないのです。

　単に「自分の思いをそのまま書く」だけでなく、相手に伝わる「自分を売り出す1行」を作りましょう。

〈名刺〉

「自分を売り出す1行」があると

営業部第1課
アカウントエグゼクティブ
山本一郎

エーパワー株式会社
〒○○○-○○○○
TEL
Mail

肩書きだけでは伝わらない

→

ヒットには法則がある。
企業の価値を、売れるコンテンツに変える。

営業部第1課
アカウントエグゼクティブ **山本一郎**

エーパワー株式会社
〒○○○-○○○○
TEL
Mail

**誰にどんなことをするか
すぐにわかる**

**資格名だけが
ズラーっと
並んでいる**

ホリスティックセラピスト
○○認定アロマインストラクター
○○認定アロマセラピスト
○○認定国際ライセンスインテグレーター

山田花子
Hanako Yamada

サロン　バタフライスカイ

〒○○○-○○○○
TEL ————— Mail
HP ————— LINE@

→

自信は、肌に出る。
アロマで年齢に負けない肌へ。

山田花子
Hanako Yamada

ホリスティックセラピスト
○○認定アロマインストラクター
○○認定アロマセラピスト
○○認定国際ライセンスインテグレーター

サロン　バタフライスカイ

〒○○○-○○○○
TEL ————— Mail
HP ————— LINE@

**ここに行けばどうなれるか
イメージが広がる**

〈ブログヘッダー〉

「自分を売り出す1行」があると

自分の進むべき 指針となる言葉 ＝ 相手に伝わる 言葉

Hanauta♪Diary
新米ママあやかの育児日記

リアルな友人ぐらいしか
読む気にならない

ママのはじめの一歩になる。
何かをはじめたいママが、
一歩踏み出す場をつくる。

何をしている人か
すぐわかる

何を相談すればいいか
わからない

選ぶポイントがわかる

どんなことでも、ご相談ください。
○○税理士事務所
安心と信頼と20年の実績
無料相談実施中
000-000-0000

これでは差別化に
ならない

税理士は「資金調達力」で選べ。
資金繰りに悩む中小企業を、
長期的に安定させる。
○○税理士事務所
無料相談実施中
000-000-0000

ここに依頼すると
どうなるかがイメージできる

〈チラシ〉

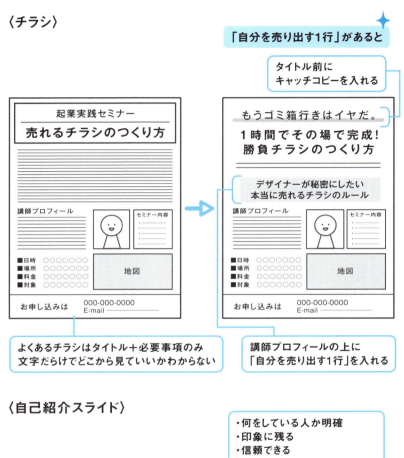

〈自己紹介スライド〉

☑「自分を売り出す1行」を作った人の声

　このままこの会社にいていいのかと、ずっと悩んでいました。ワークをやってみて、会社の仕事としてやっていることが、社外でも役立つことがわかった。自分が何を得意としているか、それが誰にどんな風に役立つかが明確になれば、仕事への取り組み方も変わると実感しています。　　　　　　　　（40代　男性　広告代理店勤務）

- -

　いろんな思考が整理されて、本来自分が提供したいものが明確になってきました。ただ「売れる言葉」を書くのと、自分の在り方を見つめてから出てくる言葉ではこんなにも違うんだと驚きました。キャッチコピーを企業への提案書の表紙に書いたところ、いきなり大きな契約が取れました。　　　（30代　女性　フリーランス　音楽家）

- -

　頭の中がシンプルになった。頭にあることを言語化していくと、相手に伝わりやすくなることがわかった。ワークで書き出したことをもとに、これはいける！と思える企画書がすぐに作れました。

（40代　男性　SE）

- -

「自分を売り出す1行」を作ったときは、「いいコピーができたな」ぐらいに思っていたのですが、2日経ってみて、すごく自分に馴染んできました。シンプルな言葉の中に、私にできること、私がお客様に感じていただけたら嬉しいことがしっかり詰まっていると感じ、確かに「これが私を売り出す1行だ」と思えました。この1行を思い出せば、いつでも自分の方向性を確認できそうです。

（40代　女性　グラフィックデザイナー）

- -

ブログや Facebook を使って集客すればうまくいくと思い、自分なりに色々やっていましたが、時間をかけている割には結果が出ず。こんなはずじゃない、なんでうまくいかないんだろうと焦っていました。自分のキャッチコピーを作ってからは、自分の方向性が定まり、周りを気にせず、自分はここに向かって進めばいいという確信が持てたので、迷わなくなりました。「あのキャッチコピーいいね」「私のことと思って思わず申し込んだ」と言われることが多く、たった1行の威力をすごく感じています。

（40代　女性　サロン経営）

- -

　ワークをしなければ出てこない言葉が自分の中から出てきました。最終的に作ったコピーは、仕事でもプライベートでも使えるものになりました。落ち込んだときに自分の心を笑顔にできるコピーができました。

（40代　女性　自営業）

- -

　キャッチコピーだけでなく、書き出したことすべてがエントリーシートや面接で役立ちそうです。自分の頭の中が整理できました。

（20代　男性　大学生）

- -

　文章ではなく、まず話し言葉で書いてみるというのが新鮮で、「これなら私にもできる！」と思いました。　　（20代　女性　事務職）

- -

　周りの起業している人に比べて、自分はまだまだだと思っていたけれど、今の自分にできることが思っていたよりもたくさんあることに気づいて、うれしかった。　　（30代　女性　起業準備中）

- -

今すぐ
自分を売り出す1行
を作れ

- - - - - - - - - - - - - - - - -

CONTENTS

はじめに

- 「自分を売り出す1行」は、誰にでも作れる 006
- 「自分を売り出す1行」を作るメリット 007
- 「自分を売り出す1行」とは、こんなものだ 008
- キャッチコピーは、人生の羅針盤になる 009
- 「自分を売り出す1行」があるとき、ないとき 010
- 「自分を売り出す1行」を作った人の声 015

Prologue ／
「自分を売り出す1行」を作る前に

- 今の会社や仕事がなくなっても、「自分の名前」で生きていけるか 024
- あなたが何者かを伝える1行を作ろう 025
- 人が知りたいのは、自分にとってどういいか 025
- 「自分は何屋かヒトコトで表せ」が難しい理由 026
- 「今まで生きてきた自分のすべて」を仕事にする 028
- 「これさえ手に入れれば人生がガラッと変わる」は危険 028
- 取った資格でビジネスを始めた人が陥るワナ 030
- 資格や賞は、相手にとっては意味がないことも 030
- 「完璧じゃないと」では、一生受け身のまま 031
- 自己紹介をしてみよう 032

Step 1 ／
「誰かの役に立ったこと」を棚卸しする

- 自分でも気づいていない「自分の価値」を見つけよう 036
- 仕事とは、「誰かに感謝されること」「誰かの役に立つこと」 037

- 自分では「当たり前にできる」ことに強みがある **039**
- 自分の「ウリ」は、相手の中にある **041**
- 思いつかないときは、周りの人にヒアリングする **043**
- 「どれだけ時間と労力をかけたか」ではなく
  「どれだけ相手が価値を感じるか」 **044**
- 自分がやりたくて、再現性のあるものをピックアップする **046**
- 「再現性」のあるものに価値が生まれる **048**
- 自分にヒーローインタビューする **050**

Step2／
「どんな人の役に立ちたいか」を決める

- あなたに価値を感じてくれる人は、どこにいるか？ **058**
- 「ターゲットを絞る」ということを、多くの人が誤解している **058**
- 商品やサービスを作ってから「さて、誰に売ろう」では遅い **059**
- ターゲットは、「悩み」と「理想」で設定する **060**
- 大切なのは、「まとめる」ことではなく「具体的に書く」こと **062**
- 書き手の定義ではなく、相手がリアルに感じていることを書こう **064**
- 相手が困っていなければ、余計なお世話 **067**
- 「言われてみればそうかも！」を見つける **068**
- 具体的なひとりを想定し、その人についての詳細を書き出す **070**
- あなたにお金を払ってでも相談したい人はどこにいるか **076**

Step3／
「自分の資源の一覧表」を作る

- 自分のこれまでを洗いざらい書き出してみる **080**
- 自分を棚卸しすれば、意外な「ウリ」が見えてくる **081**

- コンプレックスや挫折が、今の自分に与えたものは何か？ **084**
- できなかったことができるようになった経験は、教える武器になる **085**
- スキルも資格も、ただあるだけでは役に立たない **087**
- 会社名がなくなっても、協力してくれる人は誰か **088**
- 「好きを仕事に」と言われても、やりたいことが特にない **090**
- 視点を変えれば、自分の仕事に活かせる強みになる **091**
- ストレスを感じずに続けられることは何か？ **093**

Step4 ╱
「相手にとってどういいか」に変換する

- 自分の資源を、「相手視点」に変換する方法 **100**
- ターゲットに対して自分の資源を使って、できることは何か？ **101**
- 動詞を変えると、できることが広がる **103**
- それをすることで、相手はどんな効果を感じるか？ **104**
- 浮かんだキーワードが「自分の核」になる **106**
- 今すぐできるかで判断しない **107**
- 幸せな未来のシーンを描けばイメージが広がる **108**

Step5 ╱
「自分のコンセプト」を決める

- 「ターゲット」＋「ベネフィット」でコンセプトができる **114**
- 選択肢を広げて、実験する **115**
- 「自分を売り出す1行」は、宣言にもなり、覚悟にもなる **117**
- 「差別化」の落とし穴 **117**
- 同業他社だけが、ライバルではない **119**

Step6 ／
思考を広げるための「5つの質問」をする

- ■「これが言いたかった!」は質問から生まれる **124**
- ■人は「なぜ?」に動かされる **125**
- ■「どうやって、それをするのか?」でアイデアを現実化させる **129**
- ■「それによって、どんな変化が起きる?」を繰り返す **130**
- ■「たとえば?」シーンを描くから、読み手がイメージできる **132**
- ■セリフ化すると、一気に共感度アップ **135**

Step7 ／
「自分を売り出すキャッチコピー」を作ろう

- ■質問の答えをもとに、キャッチコピーを作ろう **142**
- ■書き出したコピーは、A4の紙に1枚1案書いて並べてみる **162**
- ■サブコピーの作り方 **165**
- ■言葉の完成度を上げる **168**
- ■キャッチコピーの選び方 **169**
- ■オリジナルの肩書きは、付けた方がいい? **170**
- ■その肩書きは、自分の可能性を限定していないか? **171**
- ■「モテクリエーター」と「ビジョンライフクリエーター」の違い **172**

Epilogue ／
「自分を売り出す1行」が完成したら

- ■「自分を売り出す1行」をどこで使うか **176**
- ■ブログタイトルも、企画書も、セミナーも作れる「公式」 **182**

- 「自分を売り出す1行」は就活に使える **183**
- ピッタリの言葉を見つける力を身に付ける **186**
- 語彙力よりも、「ターゲットの心の中を知ること」が大事 **186**
- 机の上で考えていても言葉は出てこない **187**
- メモをしない人に、アイデアは降ってこない **187**
- 自分のスマホにない情報を取りに行こう **189**
- 言葉を集める方法① 書店に行く **189**
- 言葉を集める方法② 現場へ行く **190**
- 言葉を集める方法③ なぜいいのか？ を考える **191**
- 言葉を集める方法④ SNSはコメントで言葉力を磨く **192**
- インプットとアウトプットの繰り返しが「言葉のチカラ」を磨く **192**
- 「自分の理念」を伝えるからファンが増える **193**

おわりに
- 「自分を売り出す1行」は自分とともに進化していく **196**

巻末付録 「自分を売り出す1行」ワークシート

Prologue

「自分を売り出す1行」
を
作る前に

☑ 今の会社や仕事がなくなっても、 「自分の名前」で生きていけるか

　今は2人に1人が転職する時代です。新卒の学生は、60%近くがセカンドキャリアを意識して就活をするそうです。終身雇用という神話は崩壊。働き方改革が叫ばれ、副業が注目され、定年退職後や役職定年後のキャリア支援も広がっています。

　先日、ある高校生からキャリアについて相談を受けました。大学の入学試験の小論文に「卒業後のビジョンを書け」という項目があったのですが、「大学を卒業する4年後には、今ある仕事がなくなっているかもしれない。卒業後の夢を語れと言われてもムリ」と言っていました。

　また、取材でお会いした某メーカーの経営者は、「社員を雇用するのは、その人が生み出す収益と契約すること。個人事業主として業務委託するのと変わらない」とおっしゃっていました。

　つまり会社が個人を育て、守ってくれるのではなく、会社の中にいても「稼げる個人」が求められているということでしょう。

　今すぐ会社を辞めるとか、転職するとか、起業するとか、そういうことではなくとも、「今の会社や仕事がなくなったら、自分に何ができるか」という意識は、すべての人に求められているのです。

　会社員を続けるにしても、「○○社の営業さん」ではなく「あなたと仕事がしたい」と言われる存在になれるでしょうか。

　一番強いのは、会社や肩書きなんてなくても、「自分の名前が仕事になる」人でしょう。たとえば、堀江貴文さんとかキングコングの西野亮廣さんなど、名前を言えば誰もが知っている人なら、「職業は自分の名前」で通用するでしょう。でも、もし私が「仕事は、さわらぎ寛子です」と言ったって「は？」「誰やねん」です。

ただ名前を言えば誰もがわかってくれる状態までもっていくには、あと何十年かかるでしょう。何十年たっても無理かもしれません。だからこそ、「自分を売り出す1行」が必要なのです。

　会社名や肩書きがなくても、あなたがあなたであるための、あなたを必要としている人が、あなたを見つけてくれるための「自分を売り出す1行」を作りましょう。

☑ あなたが何者かを伝える1行を作ろう

　今はネット上に誰もが「自分メディア」を持てるようになりました。それはつまり、それだけ情報があふれかえっているということです。

　たとえば、あなたはスマホを見るとき、どんな状態で見ていますか。何かを検索して答えを見ているときは、前のめりで見ているかもしれませんが、SNSやニュースなどを見る際は、ほとんどの人が流し読みです。指で素早くスクロールしながら、はっと目に留まったものだけを見る。その「1秒にも満たないような時間」で目に留まるものがないと、人はあなたを見つけてくれない、ということです。

　リアルの場でも同じです。たとえば自己紹介。ほとんどの人が、「会社名と仕事の内容」を言って終わりです。個人事業主やフリーランスの人でも「自分は何をしているか、どんなことができるか」を言って終わり。それでは相手は興味を持ってくれません。人が知りたいのは、「あなたが何をしているか」ではないのです。

☑ 人が知りたいのは、自分にとってどういいか

　人が知りたいのは、その人が何をしているかではなく「自分に

とってどういいか」「それが自分にどう役立つか」です。

それを痛感したのは、会社を辞めてフリーランスとして仕事を始めてからでした。フリーランスになると、個人事業主の人や起業家、自営業や中小企業の経営者の方と顔を合わせる機会が増えました。私が「コピーライターです」というと、「ちょっとこのチラシ見てくれない？」「ホームページ作ったんだけど、どう思う？」など相談されることが増えました。

そこで気づいたのが、「みんな、自分の言いたいことばっかり言っている！」ということ。「当社の商品は、こういうところが特長です」「ここが、他とは違います」「ここにこだわっています」のオンパレード。それでは人は興味を持てないのです。

人は、「同業他社と違う」から、その商品が欲しくなるわけではないのです。「自分に役立つ」「これを使えば、自分にとっていいことがある」と思うから。そして、それを使ったりやったり、その人に会ったりした後の「自分の変化」が想像できるから、それが欲しくなるのです。

自己紹介にしても、ホームページやチラシにしても、みんな「自分が言いたいことをそのまま言っているだけ」。だから、相手に伝わらない。だから、スルーされて終わりなのです。

私はこれができる！これが私の強みです！と叫んだところで、誰も興味はありません。自分のできることや、自分の強みを「相手目線に変換」することが必要なのです。

☑️「自分は何屋かヒトコトで表せ」が難しい理由

起業塾などに行くと、よく言われるのが「自分は何屋なのかヒトコトで表せ」ということ。それが難しくて、うまくいかないと悩ん

でいる人も多いようです。

10年前なら、仕事は1つでよかったでしょう。でも今は、1つの職業に固執する時代ではありません。

やりたいことがいくつもある、仕事が1つに絞れないという人が、無理に1つの肩書きに自分を押し込む必要はないのです。自分の可能性を狭めてしまってはもったいない。

ブログなどを見ていると、自分で作ったオリジナルの肩書きを使っている人も多いようです。子どもにつけるキラキラネームのごとき、キラキラ肩書きとも言えるような肩書きもよく見かけます。私もブログを始めた当初は自分に「出産育児ライター」という肩書きを作っていました。が、それもやめました。その後、あるコンサルタントの方からのアドバイスで、「コピーライターなんて言っても、誰もわからないよ。もっとわかりやすい肩書きをつけた方がいい」と言われ、「売れる文章クリエーター」という肩書きを使っていましたが、恥ずかしいのでやめました。自分でその肩書きを口にするのがどうしてもできなかったのです。

私の講座に来られる方の中にも、起業塾などで「肩書きをつけろ」と言われてつけてみたものの、恥ずかしくて……という方がおられます。ブログの中で名乗っているだけならいいかもしれませんが、「それを名刺に書いて上場企業の社長に挨拶できるか」と考えて、恥ずかしいならやめた方がいいと思います。

また、「踊れる社労士」など、そう言われても、別に依頼しようと思わないキャッチコピーをつけている人も、もったいないと思います。インパクトやウケ狙いでは仕事は生み出せません。自分で思っていることと、相手が求めていることがズレていては意味がないのです。

☑「今まで生きてきた自分のすべて」を仕事にする

　何かを始めたい、現状を変えたい、転職したり起業したりしたいと思った人が陥りがちなパターンがあります。

　資格を取るためにスクールへ行く。MBAの修士を得るために1〜2年かけて留学するなど、「今の自分ではダメだ」と思い、何かを目指し「自分につけ足す」ことを考えるのです。キャリアアップのために、時間とお金をかけて自分に足し算をしていく。でも、そんなことをしなくても、今あるカードで仕事は作れます。今まで生きてきた中でやってきたことすべてを使って、「自分であること」を仕事にすることが可能なのです。

「私には何もない」「特に人に語れるようなことはない」という人も大丈夫です。「自分では大したことがない」と思っていることにこそ、きらりと光る原石があるのです。

☑「これさえ手に入れれば人生がガラッと変わる」は危険

　人生100年時代の生き方を指南しベストセラーとなった『LIFE SHIFT』（リンダ・グラットン，アンドリュー・スコット 著，池村千秋 訳　東洋経済新報社）では、教育―仕事―引退という「3ステージモデル」が終わりを迎え、仕事・学び・遊びの境界がなくなる「マルチステージ」に移行していくと記されています。

　その新しいステージには、「エクスプローラー（人生の旅をして自分と世界を再発見する）」、「インディペンデント・プロデューサー（組織に雇われずに自分で仕事を生み出す）」、「ポートフォリオ・ワーカー（経験や知識を活かして異なる種類の活動を同時に行

う）」の３つがあり、これらの複数のステージを得ることで、遊び・学び・仕事の境目がなくなって、柔軟な人生を歩めるようになると著者は述べています。組織に雇用されずに自分で仕事を生み出したり、本業や副業・ＮＰＯや地域活動などを同時に行っていくには、「自分の軸」をしっかりと言語化することが大切なのです。

私自身は、40歳で３人の子どもを育てながら仕事をしています。周りを見渡せば、自分の人生このままでいいのかと悩んでいる人、育児や介護で仕事を辞めたけどもう一度社会に出たいと思っている人、好きを仕事にしたいと起業したけれどなかなか稼げない人などに多く出会います。

同年代のある男性は、新卒で入社して20年近く勤めた会社が経営難で、転職したいと思っていると言っていました。その彼が始めたのが、なんと簿記の資格を取ることだったのです。「自分が何をしたいか」「どんな人にどんな風に役立ちたいか」「どんな志で人生を送りたいか」を考えることなく、ただ資格を取ればいいというのは、今の時代かなりリスキーな選択ではないでしょうか。

まず、自分のこれからの生き方の軸を決める。それをしっかり言語化する。それから、それを達成するために足りないことがあるなら、できる方法を身につけたり、できる人の手を借りたりという方法を考える。

「起業がいいよ」「これからは副業の時代だ」と聞いて、やみくもに手を出すのは危険です。資格やスキルに頼って、「これさえ手に入れれば、人生がガラッと変わる」なんてことは現実にはないのです。

まずは今の自分、今ある自分の資源に目を向けること。それを棚卸しして、しっかり言語化すること。今の自分に足りない何かを足していくのは、その後です。

☑ 取った資格でビジネスを始めた人が陥るワナ

　キャッチコピーを作るセミナーを10年ほどやっていると、様々な職種の方が来られます。中でも多いのが、コーチングやキャリアカウンセラー、エステやアロマセラピストなどの資格を取ってそれをビジネスにしている（していこうと思っている）方です。「やりたいことを仕事に」「好きなことで好きな時間に働ける」という謳い文句に魅かれて資格を取得し、いざスタート。そこで待っているのは、「集客できない」「同業者と差別化できない」というジレンマです。

　たとえば、自分自身が職場の人間関係に悩み、その悩みを解決するためにスクールに通ってコーチングの資格を取得したとします。「昔の自分のように苦しんでいる人を救いたい！」と意気込んで、コーチングセッションを開始。無料やお試し価格では人は集まるけれど、高額だと来てくれない……という状況の方をたくさん見てきました。

「資格を取れば、好きなことを仕事にできる」というのは幻想にすぎません。1つの資格に頼るのではなく、その中で差別化する方法を探すのでもなく、「今まで生きてきた自分」を仕事にするという働き方にシフトする必要があるのです。

☑ 資格や賞は、相手にとっては意味がないことも

　資格は、「相手がその資格を必要としているか」で価値が変わります。免許や国家資格がいる職業は別として、その民間資格や何かの権威がどれだけ効力を発揮するかは、相手によるのです。資格や受賞歴が業界内では「すごい」と思われていても、一般的には求め

られていないこともよくあります。

たとえば、私はフリーになった10年前、コピーライターとして有名な賞を取ったこともないし、「コレが代表作だ」と言えるものも何もありませんでした。自分ではそれをコンプレックスに感じていました。本を出したり、講座に登壇したりしているコピーライターは著名な方ばかり。だけど、自分で講座やセミナーをやるようになって気づきました。私のセミナーに来てくれる人は「TCC賞（東京コピーライターズクラブ賞）」なんて知らないのです。「なにそれ、エステ？」と言われました。カンヌ広告賞だって広告業界の人間にとっては憧れですが、一般的には、「え？ カンヌって映画でしょ？」という感じなのです。私が勝手に感じていた「何の賞も取ってない」は、ただの杞憂でした。どんなお客様が、どれだけいて、どんな変化を起こしたか。そこがすべてです。

☑「完璧じゃないと」では、一生受け身のまま

何かを始めようとしても、完璧じゃないと出してはいけない、こんなこと大したことじゃない、失敗したら終わり……、と思って止まってしまう人も多いようです。それはとてももったいないことです。「もっと完璧にならないと」と思い、資格コレクターになる人や「もっと勉強してから始めます」と言って、ずっと生徒のままという人を多く見てきました。

まず、手持ちのカードの中から、今できることを決める。やりたいことをやるために何かが足りないなら、具体的に何をするかを決めてすぐに行動する。そうしないと前に進めません。

せっかく現状を変えたいと思ったのに、一生「学ぶだけ」では、時間もお金も自分自身ももったいないのです。

「自分を売り出す1行」は、自分を引っぱる原動力にもなります。

多くの人は、自分について突き詰めて考えることなしに、何かをプラスすることに走りがちです。

それでは上手くいきません。大丈夫。今、自分には何もないと思っている人も、やりたいことが多すぎてまとまらないという人も、同業者と比べて自分に自信がない人も、年齢や環境がネックで踏み出せない人も、あなたを売り出す1行を作るワークをしていく中で、他の誰でもない「自分としての生き方」を肯定できるようになります。

「自分を売り出す1行」が、あなたの人生を大きく変えることだってあるのです。

☑ 自己紹介をしてみよう

私の講座やセミナーでは、始めに自己紹介をしてもらいます。ひとり1分で、自己紹介とセミナーに参加した理由を語ってもらうのです。

自分が参加者としてセミナーや交流会に参加した際にも、人の自己紹介を聞く機会があります。自己紹介をたくさん聞いてきて、印象に残る自己紹介と何も印象に残らない自己紹介には、それぞれ共通点があることがわかりました。

印象に残る自己紹介の特徴
- つかみの一言がある
- 誰の役に立つか、どんな人のために活動しているかが明確
- 自分だけのオリジナリティや人とは違う切り口（視点）がある
- その場にいる人に合わせて、内容を変えている

印象に残らない自己紹介の共通点

- 会社名・部署名・仕事内容の3点セットを語る人が9割
- それに加えて、最近のマイブームや趣味などで笑いを誘うのがパターン
- 「私は」が主語になっている
- こんな仕事をしている（してきた）、こんな業績を上げた、またはこんなことがしたい、こうしたいという願望を語っている

多くの人の自己紹介が、「自分が主語」の自分語りになっています。ときには、制限時間を超えても自分のことを語っている人もいます。聞き手の立場になるとわかるのですが、初対面の人に「私の仕事は」「わが社の強みは」と話しても聞いてもらえません。「知らんがな」と思われて終わりです。そうではなくて、「あ！ この人は自分に関係ある人だ」「この人の話を聞いたら面白そう」と思われる必要があるのです。

これは、広告のキャッチコピーと全く同じだと気づきました。

会社員であったとしても、「○○会社のAさん」と呼ばれるのではなく、「Aさん」と自分の名前で仕事が取れる。社内でも、「○○部の人」ではなく「これは、Aさんにお願いしたい」と指名で仕事が来るようなイメージです。

実際に私が広告会社に勤めていたときも、「○○社のコピーライターさん」と呼ばれることと、「さわらぎさんにコピーを書いてほしい」と指名されることと2パターンがありました。もちろん後者の方が、自分が必要とされていると言えます。会社を辞めた後、「名指しで仕事が取れる」ことの重要性を改めて感じました。

ワーク

　会社員の人なら「会社名」と「部署名」を、起業家や個人事業主、フリーランスの人なら「肩書き」を入れずに自己紹介をしてみましょう。1分間で、自分のことがどれだけ語れるでしょうか？

Step
1

Step 1

「誰かの役に立ったこと」
を
棚卸しする

☑ 自分でも気づいていない「自分の価値」を見つけよう

　ここからは、「自分を売り出す1行」を実際に作っていく具体的な方法を解説していきます。次の7つのステップに沿って、「自分を売り出す1行」を完成させていきましょう。

1. 「誰かの役に立ったこと」を棚卸しする
2. 「どんな人の役に立ちたいか」を決める
3. 「自分の資源の一覧表」を作る
4. 「相手にとってどういいか」に変換する
5. 「自分のコンセプト」を決める
6. 思考を広げるための「5つの質問」をする
7. 「自分を売り出す1行」を作る

　この手順に沿って進めていけば、誰でも簡単に自分だけの1行を作ることができます。そしてそれを、自己紹介や名刺、ホームページやSNSなどに展開していくことができるのです。

> **ワークをする上での3つのポイント**
>
> 1. 思いついたらとにかく書く。重要かどうかは気にしない。
> 2. 書いたことは消さない。間違ったと思ったら、一本線を引くなど後から見てもはじめに何を書いたかを分かるようにしておく。それによって、自分の「思考の過程」が見えることが大事。
> 3. 手が止まってしまうときは、周りの人に聞く。自分では思いもよらなかったヒントをもらえることがある。

☑ 仕事とは、「誰かに感謝されること」「誰かの役に立つこと」

　まず、自分の価値を棚卸しするワークをします。「価値を見つける」というのは、よく言われることで様々な方法がありますが、ここでは、「価値＝誰かの役に立つこと」と定義します。AIが進化し、どんなに仕事が変わったとしても、変わらない原則があります。それは、仕事とは、「誰かに感謝されて、お金をもらえること」ということです。

　どんなにクオリティが高くても、喜んでくれる人がいなければ意味がない。「自分はコレができる！」「こんなことが得意だ！」と叫んだところで、相手が喜ぶことでなければそこに価値は生まれないのです。<u>「価値を見つける」というと、自分の中を探しがちですが、自分で把握できている個性や強みから発想するのではなく、他者との関係性の中で捉える必要がある</u>。だから、自分の強みがわからないという人はもちろん、「これが強みだ」と思っている人も、このワークは意味があるのです。

　ここからは、セミナーで実際に私と参加者4名との会話を再現しながら、手順を説明していきます。その方が、読者の皆さんにわかりやすく伝わりますし、何を書いていいかわからずストップすることが起こらないからです。

> **Aさん** 男性、広告代理店営業。会社の業績が悪化し、このままこの会社にいるか悩むが、今さら転職も厳しいだろうと踏みとどまっている。特別なスキルもなく、他に何かやりたいことがあるわけでもない。

Bさん 女性、最初の子どもの出産を機に仕事を退職。下の子どもが幼稚園に入るタイミングで自宅サロンか教室を開業したい。ベビーマッサージ、アロマセラピスト、ママ向けコーチングの資格を取得したが、どれが一番やりたいことかしぼれない。

Cさん 男性、フリーランス、ウェブデザイナー。印刷会社にウェブデザイナーとして勤務後、フリーランスに。主にクラウドソーシングを利用しているが、1件数千円〜数万円という案件が多く、収入が安定しない。自分の強みを生かして、受け身の仕事から抜け出したい。

Dさん 男性、美容師。父の代から続く地域に愛される美容院に勤務。父がオーナー、兄が店長。2年以内に独立し、自分の店舗を持ちたいと考えている。

さわらぎ まず、「誰かの役に立った経験」をリストアップします。今までの経験や、自分の能力、スキル、ノウハウなどを使って「誰かの役に立ったな」と思うことを全て書き出していきます。

　具体的には、
- 誰かに喜ばれたこと
- 誰かに感謝されたこと
- ありがとうと言われること
- 誰かに教えられること
- 誰かの代わりにできること
- 自分では当たり前にしているけど、すごいと言われること
- 自分では楽にできるけど、他の人にとっては難しいこと

などですね。後から並べ替えられるように、付箋に書いていきま

しょう。

　　　私は、広告の会社で営業マンをしているのですが、このまま
Aさん この会社にいていいのか不安になっているところです。でも、
営業しか仕事をしたことがないので、「手に職」などのスキルもあ
りません。45歳。今さら転職は難しいだろうし、できたとしても
条件がいいところではないだろう。家族のこともありますし。でも、
このままこの会社にいても未来はないな、と。考え出すと眠れない
こともあります。

　　　仕事のことはもちろん、プライベートなことや、学生時代に
さわらぎ さかのぼってもOK、どんなことでもいいので、とにかく書
き出してみましょう。

　　　どんな風に書けばいいですか。○○をして喜ばれた、という
Aさん ような書き方でOKですか？

　　　そうですね。単語だけでは意味が通じないので、主語＋述語
さわらぎ （誰がどうする、何をどうした）で書きましょう。ここでは
説明が長くなっても構いません。

☑ 自分では「当たり前にできる」ことに強みがある

　　　仕事では、クライアントの担当者の話をとにかく聞くことに
Aさん 徹しています。今すぐ受注と関係のないことでもとにかく聞
く。担当者が社内で使う資料を作ったり、社長決裁を取りやすいよ
うにプレゼンの仕方をお伝えしたり。誰に聞いたらいいかわからな

いことや、Googleで検索しても出てこない、答えがあったとしても読んでもよくわからないとか、そういうことをよく聞かれます。

さわらぎ なるほど、いいですね！「クライアントが社内の人には相談できないことを聞いて喜ばれた」「Google検索では出てこない、社内資料の作り方を教えて喜ばれた」というように書いていけばOKです。色々ありますね！

Bさん 私は今専業主婦で、仕事を辞めて8年以上経ちます。以前の職場でやっていたことと、これからやっていきたいことが全く関係ないのですが、それでも書いた方がいいですか？

さわらぎ はい、一見関係なさそうなことでも書き出してください。つながりのないように見えることでも、その経験があったから今の自分があると捉えてください。こんなことをして喜ばれたな、誰かの役に立ったな〜と思うことを書きましょう。

Bさん 何となく思い浮かぶことはありますが、本当にそれを相手が感謝していたかどうか自信がありません。

さわらぎ 自分が相手の役に立ったと思っていればそれでOKです。相手が本当にどう思っていたかなんて、今から証明できませんから。仕事以外でも、たとえば、習い事とか子どもの学校関係とかご近所さんとか。今周りにいる人との関係の中のことでもいいです。

☑ 自分の「ウリ」は、相手の中にある

Dさん 私は美容師として働いています。親父も兄も美容師で、今は親父がオーナー、兄が店長という店で美容師3人体制です。親子でやっているとはいえ、店は兄のものになることは初めからわかっていたので、独立のための資金を貯めてきたんですけど、タイミングが合わなくてズルズルと店にいる感じです。さすがにそろそろ独立しないとやばいなと思っています。親父は昔からのお得意さんで年齢が高いお客様を、兄と私はご新規のお客様をそれぞれ担当していますが、今の店にいるうちに「自分の指名」を少しでも増やしたい。そして、自分の店を持つならコンセプトというか、何か少しでも尖ったことをしないと生き残っていけないだろうなと思っています。地域で選ばれるだけの美容室ではなく、遠くからでもこの人にカットしてほしいと来てくれるお客様がいるような。

これまで、店の宣伝というかそういうことは考えたことがあったのですが、いざ、自分のこととなると何をウリにしていいのかわからなくて。今日はそういうことを知りたくて参加しました。

さわらぎ 美容師さんも今はInstagramやYouTubeなどを使って配信し、コアなファンがいる人も増えていますね。「あなたに似合う髪型にします」というだけではなく、「自分はどんな人のどんな願いを叶えるのか」をはっきり打ち出していくことが大事です。

これまでのお客様に喜ばれたこと、こんなスタイルや提案の受けが良かったなど、具体的に思いつくことを書いていきましょう。

Dさん 小さな子がいて働いているママさんに、前髪を変えるだけで印象が変わる髪型を提案したときは喜ばれましたね。朝は時

間がないので、巻いたりしなくてもカッコよくアレンジできるようにしました。

僕が男性だからかもしれませんが、「感謝された」というのがあまりピンときません。感謝されるためにやっているわけじゃないんで……。「評価されたこと」でもいいですか？

はい、「評価されたこと」でもいいですよ。具体的に何をしたかを書き出してください。そのことを評価されたということは、それによって誰かが喜んだり、誰かの役に立ったりしているはずですから。自分の行動が評価されたと思う場合は、「それは誰の役に立ったのか？」「これによって喜んだのは誰か？」と考えてみるといいでしょう。

「喜んだ」というのは、利益が出たり得をしたということですか？

それもありますし、負担が減ったとか、不便や不安がなくなった、効率が良くなったなども考えられますね。

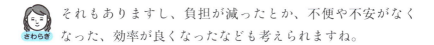
仕事以外かぁ。たとえば家族にしたこととか、友達にしたこととかでもいいですか？

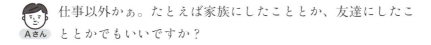
そうです。奥さんにサプライズプレゼントをしたとかでもいいです。あと、友達にこういうことを教えてってよく言われるとか。

Aさん　それでいうと、うちは共働きなんですが、以前よく妻が「私ばっかり家事をしている」と言うので、家事と育児を全てリストアップしたことがあるんです。一覧表にしてお互いのやっている家事を見える化した。「ごみ出し」と書くんじゃなくて、ごみを各部屋から集める、ごみ収集所に持っていく、ごみ箱に次のごみ袋をセットする、と細かく書いて。そうすると、家事の負担が一目でわかるので妻も喜んでいましたね。

さわらぎ　見えない家事を見える化した、ってことですね。それは、クライアントの見えない願望を見える化して解決しているという仕事にも共通することかもしれませんね。

Aさん　言われてみればそうかもしれませんね。こじつけっぽい感じがしなくもないですが（笑）。うーん、10個ぐらいは書けるけど、その先が難しいですね。

☑ 思いつかないときは、周りの人にヒアリングする

さわらぎ　どんな小さなことでもいいので、少なくとも50個書きましょう。自分では「こんなこと大したことない」と思っていることにこそ、ヒントがあることが多いのです。だから、目指せ100個です。思いつかないときは、周りの人に聞いてみましょう。自分では当たり前にしていることで、周りの人から「すごい！」とか「詳しく教えて！」と言われることがあるはずです。

Aさん　そういえば、私は新聞や雑誌を読んだり、街で広告を見たときも「これはあの人に教えたら喜ばれるかも」という視点で

見ていて、気になったものはすぐメールしたりしています。いつも頭に10人ぐらいの人を思い浮かべて新聞を読んでいる感じ。これは同僚に話すと驚かれました。いちいちメールするんですかって。

 そう、いい感じです。そういう風に、自分では当たり前にやっているけど、実は人はやっていないこと、他の人はできないこと、知らないことも書き出していきましょう。

　たとえば、職場でちょっと頼まれることとかはありませんか。なんかこういうこと、よくオレ聞かれるよなぁ、みたいなことです。

 そう言えば、社外の人とオフィス以外で打ち合わせをする場所を聞かれることが多いですね。どこのカフェなら落ち着いて話ができるとか、あそこのホテルのラウンジはWi-Fiが飛んでるとか。駅ごとにいくつかピックアップしているので、部署外の人からもよく聞かれます。

 いいですね。そういう感じです。

 自分ではないですが、営業の中には、POPを書くのが上手いヤツがいて、制作担当に回さなくてもPOPが作れるので重宝されていますね。あと、接待の店にやたら詳しい先輩もいます。

☑「どれだけ時間と労力をかけたか」ではなく 「どれだけ相手が価値を感じるか」

 自分では簡単に楽にできるのに、他の人には難しいことで、それをすると感謝されることはありませんか。たとえば、私

44

は、誰かの文章を読んでそれを分かりやすい文章に添削することが簡単にできます。パッと読んでパパッと直せるので、ブログ記事なんかは2〜3分で添削できるんですね。

　だから、そんな簡単なことにお金を払ってもらうなんて……という意識があったのですが、それをやると、自分の文章の改善点がわからない人からするとすごく喜ばれる。お金を払ってでもしてほしいという人が多くいるわけです。

　そう考えると、自分がどれだけ労力や時間を払ったかは関係なくて「相手が価値を感じている」時点で仕事になるわけです。こちらがそこに何時間かけたかが問題じゃなくて、それによって相手にどんな利益をもたらしたかで、価格設定をすればいい。

Aさん　仕事になるかはわかりませんが、会社の会議室で、スマホで商品撮影をすることがあり、それが上手いとよく言われます。もちろん広告に使えるものではなくて、プレゼンや社内資料用ですが。デスクにある電気スタンドとA3の白い紙があればどこでもできます。今どき、スマホの写真機能はすごいので、誰でもできるじゃんと思うんですが、なかなかみんなはうまく撮れないみたいです。

Dさん　おぉ、それは知りたいですね。うちも店のPRでSNSの発信もやっているのですが、写真が上手く撮れなくて。プロに頼むほどじゃないし、かといって自分でやるとダサいし。人物も物もスマホでうまく撮れる方法があるなら知りたい店舗は多いんじゃないでしょうか。

〈Aさんが書き出したこと〉

Google検索では出てこない社内資料の作り方を教えて喜ばれた	クライアントが社内では相談できないことを聞いて喜ばれた	見えない家事のリストアップ
後輩にわかりやすく教えられる	人をまきこむのが得意（社内外の人をまきこむ）	PTAで女性の中に男性ひとりでもうまくコミュニケーションがとれる
オフィス以外の打ち合わせ場所をたくさん知っている	新聞や雑誌の記事や広告などを気になったらすぐにメールする	スマホで上手に商品撮影ができる

☑ 自分がやりたくて、再現性のあるものをピックアップする

次に、これを分類していきます。縦軸が「やりたい」かどうか、横軸が「再現性」です。まずは、自分がそれをやりたいか、やりたくないかを直感で決めてください。いくら人に求められていることでも、嫌々やっていることや、ストレスを感じているならそこに価値は生まれません。「やりたい」「面白い」「これをやっているときは楽しい」と思えることを上の方に置いていきましょう。

もう1つが「再現性」です。ビジネスとして成り立つには、「たまたまできた」「偶然できた」ではダメで、「何度でもできる」ことが大切です。たとえば、Aさんの「Googleでは検索できない、社内資料の作り方を教える」は、「何度でもできること」ですか？

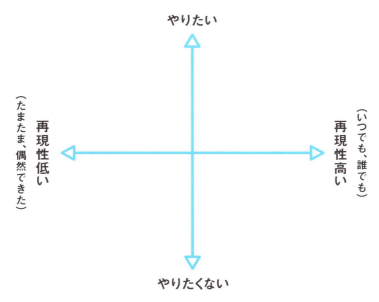

 そうですね。

 それは「自分にしかできないこと」ですか？ それとも「誰でも再現できること」でしょうか？

 うーん、自分にしかできないことであってほしいと思います。だから、僕に頼んでいるんでしょうし。

「再現性」というのは、自分にしかできないことではなく、「誰にでもできる」状態まで作り上げたものということです。たとえば、Aさんがその資料の作り方をオリジナルのフォーマット化し、「いつでも、誰でも」再現できるようにしたとしたら、そこに「価値」が生まれるのです。

自分にしかできないことに価値があるわけじゃないんですね。

☑「再現性」のあるものに価値が生まれる

　特別なスキルや才能を持った人にしかできないことではなく、「いつでも・誰でも」できるものが「再現性がある」ということです。たとえば、私はコピーライターですが、キャッチコピーを考えるときに「アイデアが降ってくるんです」と言っていたら、そこには再現性がない。それを、普通の人でも誰でも作れるように「キャッチコピーをつくる5つのSTEP」というメソッドを作り出した。そこに価値が生まれたのです。
「自分にしかできない秘技」として使っているだけでは、自分の代わりが生まれません。そうなると一生、時間を切り売りするような働き方になってしまいます。

　書き出したものを、P.47の図に当てはめて分類していきましょう。自分がやりたいことかどうかで、上下のラインを決め、それにどれぐらい再現性があるかで左右のラインを決めます。たまたま偶然できたことは左に、自分がいつでもできることが真ん中、他の人がやってもできるように教えたり説明したりできることを右端に置いていきます。右上のブロックにあるものが、誰かの役に立つこと＝あなたの強みです。何が右上にブロックに置かれていますか？

・クライアントが社内では相談できないことを聞いて喜ばれた。
・Google検索では出てこない、社内資料の作り方
・共働き用　見えない家事のリストアップ
・オフィス以外での打合せ場所をよく知っている。

・会議室でできる、ビジネス資料用のスマホを使った商品撮影

・働いているママ友の企画書作成を手伝ったら、しっかり書けていると褒められて嬉しかった。
・PTAの資料を、毎年一から作っていたのを、テンプレート化して次の代の人にデータを渡した。無駄な時間が無くなったと喜ばれた。
・ベビーマッサージ教室に一緒に通っているママ友に、地域の情報をまとめて伝えたら喜ばれた。
・通っているベビーマッサージ教室で、写真を撮ってスクラップして渡したら、すごくかわいいと褒められた。
・自宅に友達を呼んで料理を出している。簡単なものでも喜んでもらえて嬉しい。
・子どもの頃から友達にサプライズプレゼントをよくする。相手が何を喜ぶかな？　と考えるのが楽しい。

・印刷会社時代に、飲食店の紹介サイトを担当していたので、うまい店をよく知っている。「どこかいいところない？」と友達に聞かれることが多い。
・デザイナーにしては文章を書くのが得意で、ライターに発注しなくても自分で書けるので喜ばれる。
・フットワークが軽いのでひとりですぐ取材に行ける。
・ネットでの調べものが早い。Googleに何と打ち込めば、欲しい情報が得られるかを知っている。
・印刷会社では、企画を出すのが得意だった。「その切り口い

いね！」とよく言われた。

・働くママに、前髪を2パターン作れる髪型を提案して喜ばれた。家族で過ごすときと、仕事のときの気持ちの切り替えにもなる。
・ゴム1本でできるアレンジをいくつか教えたらお客様に喜ばれた。
・年齢とともに髪型が決まりにくくなってきた女性に、ひし形シルエットになる髪型を提案してボリュームが出たと喜ばれた。
・髪が痩せてさみしくなってきた人に、前髪を作って華やかな印象にしたら喜ばれた。
・かわいいよりもカッコいいと言われたい女性に、カッコいい系の髪型を提案して喜ばれた。カッコいい、ハンサムに見えるアレンジや前髪のコツなど。

☑ 自分にヒーローインタビューする

　右上に置いた「あなたの強み」について、さらに掘り下げていきましょう。なぜそれが上手くいったのか、どんなところがコツなのか、上手くいかなかったときはどうしたのか、自分が大切にしているのはどういう点か、そこから学んだ教訓などを掘り下げていくと、その出来事の奥にある自分の強みがさらに明確になっていきます。

　文章で書こうとしたり、言葉を見つけようとしたりしても上手く

Step 1 「誰かの役に立ったこと」を棚卸しする

いかないけど、誰かに質問をしてもらうと、スルスルと答えが出てきた、という経験は誰もがあると思います。ここでは、気持ちよく答えられるようにヒーローインタビューをイメージして質問をしていきます。

誰かに聞いてもらうのがベストですが、ひとりでやる場合は、自分で自分に質問をして、それをスマホのボイスレコーダーに録音するのがおすすめです。紙に向かって、頭の中だけで質問しても言葉が出てきません。実際に声に出してやってみましょう。

では、まず私がいくつか質問していきますので、1つの付箋ごとに答えていってください。

❶ なぜ、それが上手くできたのですか？
　なぜ、あなたにそれができるのでしょう？
　どういうところに自信がありますか？
❷ 何かコツがあるのですか？
　ポイントはどんなところですか？
　上手くいく秘訣は？
❸ 上手くいかなかったことはありますか？
　それはどんなときで、そのときどうしましたか？
❹ 特に大事にしているのはどんなところですか？
　何に重きを置いていますか？
❺ そこから得た教訓は？　どんなことを学びましたか？

これは、私が経営者や職人さんなど多くの人をインタビューする際に実際に使っている質問です。

自分のことは自分ではわからないとみなさん言います。でも、インタビューをしていくと、言葉が出てくる人が多いのです。質問に

答えることで、自分の思考も整理されますし、自分でも思ってもみなかった答えが出てくることもあります。

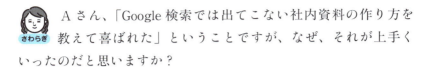Aさん、「Google検索では出てこない社内資料の作り方を教えて喜ばれた」ということですが、なぜ、それが上手くいったのだと思いますか？

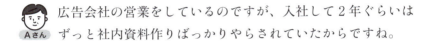広告会社の営業をしているのですが、入社して2年ぐらいはずっと社内資料作りばっかりやらされていたからですね。

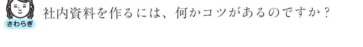社内資料を作るには、何かコツがあるのですか？

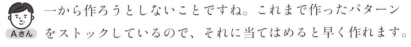一から作ろうとしないことですね。これまで作ったパターンをストックしているので、それに当てはめると早く作れます。

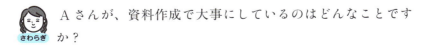へぇ。これまで作ったものをパターン化してストックしているんですね。それって必ず上手くいくんですか？ パターンに当てはまらないとか、パターンに当てはめることで起こる弊害とかはないんでしょうか？

ありますね。相手の情報が少ない状態で資料を作った時は、「内容が全然ない」と上司に突き返されました。それ以来、事前リサーチを入念にするようになりました。

Aさんが、資料作成で大事にしているのはどんなことですか？

Aさん　1分ですべてを説明できるように簡潔に作ることです。

さわらぎ　そこから学んだこと、教訓みたいなことってありますか？

Aさん　結局、資料って、「相手が求めていることがすべて」ということですね。なんのためにこの資料が必要なのか、そこがズレていると資料の意味がないので。相手が今この資料に何を求めているか、それをしっかりと把握する、わからなければ質問してつかんでおく。それが大切だと思っています。

> **Google検索では出てこない社内資料の作り方**
> ❶　入社2年まで資料作りばかりやっていたから
> ❷　資料のパターンをストックしている
> ❸　相手の情報が足りなかったので、事前リサーチを入念にするようにした
> ❹　1分ですべてを説明できること
> ❺　相手が何を知りたいかがすべて

Bさん
> **働いているママ友の企画書作成を手伝ったら、しっかり書けていると褒められて嬉しかった。**
> ❶　パソコンインストラクターの仕事をしていたので、PC作業やエクセルの使い方に慣れているから
> ❷　PC作業をする前に、紙芝居のような手書きのシナリオを作ること
> ❸　依頼者の会社のイメージと作った企画書のデザインが合わないと言われた。作る前にヒアリングしておくポイントをま

とめるようにした
❹ 手伝うという意識ではなく、自分の仕事として取り組むこと
❺ パソコンやスマホの操作が苦手で仕事が止まってしまったり時間がかかる人が多いということ

フットワークが軽いのでひとりですぐ取材に行ける
Cさん
❶ 時間や場所にとらわれない仕事の仕方をしているから
❷ ピンと来たらパッと動く
❸ 1日に何件も取材を入れられて、疲れたわりに大した金額にならなかった。都合よく使われないように自分から条件を提示するようにした
❹ 場所が近い取材をひとまとめにする
❺ デザインもカメラも取材もできれば、媒体がなくても自分で発信できる

カッコいい系女子の髪型提案
Dさん
❶ 自分自身が可愛いよりカッコいい女性が好きだから
❷ 直線的なシルエットを作ること
その人がなりたい自分像を形にするよう内面のヒアリングをすること
❸ サロン帰りのスタイルが再現できないと言われたことがあったので、自分で再現できるようなスタイルを心掛けるようにした
❹ 「カッコいい」の基準は人によって違う

女性があこがれるような女性像を作りたい

❺ 髪型は、内面を表す

さわらぎ こうやって書き出していくと、自分が何を大切にしているのか、どんな人のために何をしたいと思っているのかが見えてきます。「やりたいこと」で「再現性」があると右上に置いた付箋の1つ1つについてこのインタビューをしてみましょう。

出てきた言葉の中に、共通点が見つかった人もいるでしょう。共通するなと思うものがあれば、そこに印をつけておきましょう。共通点を探しながら、思いついた言葉があれば、書き出しておきましょう。

自分が大切にしていることが見えてきたら、次はターゲットです。

Step 2

「どんな人の役に立ちたいか」
を
決める

☑ あなたに価値を感じてくれる人は、どこにいるか？

次は、ターゲットを決めます。自分はどんな人の役に立ちたいかを考えていきます。

自分はこんなことができる、自分はこんな強みがあります！と言っても人は興味を持ってくれません。相手が知りたいのは、「自分にとってどういいか？」「結局、それで自分がどうなるの？」です。自分の強みを、「相手の興味に変換」することが必要なのです。そのためにまず、相手がどんなニーズを持っている人かを定義していきます。

今やっている仕事やこれからやりたい活動のターゲットが決まっているという人も、まだ決まっていないという人もいるでしょう。決まっていると思っている人も、今一度、ターゲットを決めるワークをしていきましょう。

☑「ターゲットを絞る」ということを、多くの人が誤解している

ターゲットというと、一昔前までは「年齢、職業、性別、居住地、年収」などで決めるのが一般的でした。しかし、今はもう、そのような決め方では通用しなくなっています。たとえば、「30代の働くママ」とか「首都圏に住む40代で年収650万のサラリーマン」というように設定したとして、典型的な「30代の働くママ」なんていないのです。20代の人と40代の人が同じような悩みを持っている可能性もあるし、年齢で絞ってしまうのは、もったいないし、意味がありません。私がやっているターゲットの設定の仕方は、2つです。

1．その人の「悩み」と「理想」を書き出す
2．実在の人物をひとり決める

　ペルソナといって、架空の人物を設定する方法もよく用いられますが、あまり意味がないと思います。架空の人物を想定していくと、「こんなことに困っている人がいればいいな」というこちらの希望になってしまい、実はそんな人はどこにもいない、ということにもなりかねません。「こんな人だったら買ってくれそう」「こういう人に売り込もう」というのは、自分が勝手に作り上げた想像です。ペルソナ設定は、企業がお金をかけてマーケティングリサーチするならば有効な方法ですが、個人がこれをマネするのは危険です。

　商品やサービスを売るときには、必ずターゲット設定します。自分を売り出すときも、同じようにきちんとターゲットを定めることが大切です。

☑ 商品やサービスを作ってから「さて、誰に売ろう」では遅い

　まだ自分が何をやりたいか決まっていないのに「ターゲットなんて決められない」という人がいますが、逆です。まず決めるべきことは、「自分はどんな人の役に立ちたいか」「自分はどんな人を救いたいか」です。「救う」というのが大げさなら、「どんな人を助けたいか」と考えてください。

　「これからの人生で、誰の役に立ちたいか」、「これからの自分の時間をどんな人のために役立てたいか」を決めることがまず先です。どんな仕事をするか、どんな商品・サービスを売るか、何をテーマ

に起業するかなどは、「誰の役に立ちたいか」を決めた後で見えてくるのです。

　私は20年間コピーライターをしてきて、ここ10年は、個人事業主や起業家の方とキャッチコピーを作るセミナーをしています。そこで感じたことは、「多くの人が、商品・サービスを作ってから、誰に売るかを考えている」ということです。たとえば、「アロマの資格で仕事をしたい」と決めてから、「サロンをしよう」と開業届を出す。それから「このサロンに来てくれるのは誰だろう？」「誰ならこの価格で来てくれるかな？」と考える。だから上手くいかないのです。

　まず、自分はどんな人の役に立ちたいのか、これからの人生をかけてどんな人のために生きていきたいのか、それを決めてから、商品やサービスを考えていけば、誰に売ればいいかも、どうやって伝えればいいかも、値段をどうするかも見えてきます。

☑ ターゲットは、「悩み」と「理想」で設定する

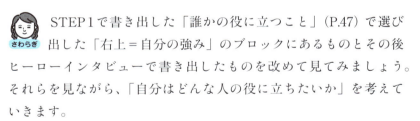

　STEP1で書き出した「誰かの役に立つこと」（P.47）で選び出した「右上＝自分の強み」のブロックにあるものとその後ヒーローインタビューで書き出したものを改めて見てみましょう。それらを見ながら、「自分はどんな人の役に立ちたいか」を考えていきます。
「どんな人」というのは、年齢や職業ではなく、「どんな悩みを持っているか（問題解決）」と「どんな風になりたいか（願望実現）」で書き出します。

　具体的には、

「問題解決」とは、
　〜に悩んでいる、〜が苦手だ、〜に困っている、〜が課題だ、〜がわからない、〜が不安だ、〜が不便だ、恐れていること、フラストレーションを感じていること、など

「願望実現」とは、
　〜したい、〜になりたい、〜だったらいいのに、〜な人になりたい、望んでいること、願っていること、求めていること、夢見ていること、など

　図を参考にしながら、自分のターゲットの人はどんな問題を解決したい（不安や不満や不便がある）、どんな願望を実現したいか（どんな風になりたいか）を思いつくままに書き出してみましょう。

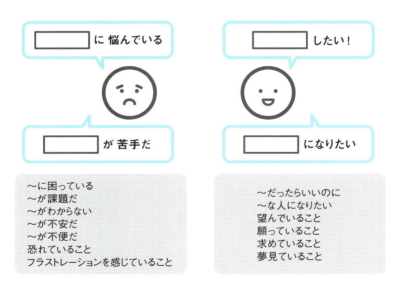

　　Aさん　自分はどんな人の役に立ちたいか、どんな人を助けたいのか、かぁ。考えたこともなかったな。この、右上のゾーン（P.47）にあるものを見ながら考えるんですよね？

そうです。「問題解決」の方は、モヤモヤしていたり、何か不満に感じていたり、不便だなぁと感じていることを書けばOKです。人は、自分で「これが悩みだ」と自覚しているというよりも、何となくイヤだな、何となく上手くいかないなと感じていることの方が多いでしょう。その「何となく上手くいかない」の「何となく」を言語化することで「あ、これ私のことだ！」と相手が思うようになるのです。

✅ 大切なのは、「まとめる」ことではなく「具体的に書く」こと

社内資料を作るのに困っている、社内では相談相手がいない。こんな感じで、1つ1つを書いていくのでOKですか？　なんか、バラバラな気がするんですが。

それでOKです。ここで肝心なのは、具体的に書くことです。「すべてをまとめて一言にしようとしない」というのが、このワークの鉄則です。私たちは学生の頃から、「文章はうまくまとめなきゃいけない」と刷り込まれているからか、こういうワークをしていても常に「まとめよう」とする人が多いのです。書き出したものすべてを「一言にまとめよう」とすると、漠然とした言葉になります。それでは、せっかく具体的に書いたことが、元に戻ってしまいます。

確かに。まとめなきゃいけない、というのは常に考えている気がします。

「一言で言うと何？」とか「早い話がこういうこと」とか、そういう風にまとめると9割が失敗します。よっぽどセンスのある人か、超一流のコピーライターならできるかもしれませんが、一般的には、まとめたつもりで何も言えてない。余計にわかりにくくなるものです。「要するに」が口癖の人が、何も要約できてないのと同じです。

まずは書き出す、それを具体的にする。そこからまとめるのではなく、ピックアップするのです。

まず、ターゲットの「問題」と「願望」を具体的に書き出していきます。

全体を一言でまとめる　　**1つをピックアップする**

「一発で通る社内資料を時間をかけずに作りたい」「社外の人で気軽に相談できる相手がいない」「女性ばかりの中で男がうまくコミュニケーションできるようになりたい」「共働き夫婦がもめない家事分担の方法が知りたい」こんな感じでしょうか。

さわらぎ　いいですね！　今書き出したことは、どれもニーズがありそうです。ここで1つにしぼる必要はありません。ここでは4つのニーズを発見しました。自分は、4つのテーマで人に教えることができると捉えましょう。

Bさん　私は、引っ越ししてきて地域の情報がなくて困っている人、小さな子どもを連れて出かける場所がない人、子育てをしながら自分のペースで何かを始めたい人、子どもが生まれても自分の趣味を続けたい人、自己肯定感が低いママ、などが浮かびました。

☑ 書き手の定義ではなく、相手がリアルに感じていることを書こう

さわらぎ　「自己肯定感が低い」というのは、ちょっと注意した方がいい書き方です。それは、あくまでも「こちら側が相手を定義した言葉」です。本人は、「私って、自己肯定感が低いなぁ」と悩んでいるわけではない。自己肯定感が低い人が、じゃあ実際はどんなことに困っているのか、どんなことが日常生活で嫌なのか、何を変えたいと思っているのか、そういうことを具体的に書いた方がいいです。

Bさん　たとえば、周りのママ友と自分を比べて自信が持てない、あの人はいいなぁと思ってしまう、忙しくなると子どもにイライラする自分がイヤ、みたいな感じでしょうか。

さわらぎ　そうです！　そういう風に言われた方が「自己肯定感が低い人」と言われるよりもよっぽどピンときます。大切なのは、

自分が使いがちな言葉で相手を定義するのではなく、相手が感じている言葉で相手の気持ちや状況を表すことです。

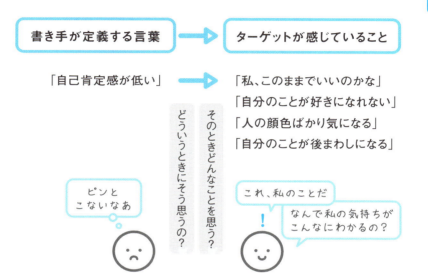

そのうえで、ターゲットを設定するときに大切なことは、「**同業者が使いがちな言葉になっていないか？**」という視点です。

たとえば、ママ向けのサービスの多くが「子育てにイライラするママ」「子どもと笑顔で過ごしたいママ」がターゲットになっています。それでは、他のサービスと同じ。違いがわからなければ、その他大勢として埋もれてしまいます。Bさんが救いたい人は、「忙しくなると子どもにイライラしてしまう」人ですね。特にどんな状況のときにその人は、そう感じるのでしょう？

🧑‍🦰**Bさん** 特にどんな状況で？　うーんと、たとえば、子どもが小さいから家でできる仕事がしたいと思って起業したんだけれど、実際は、仕事中に子どもが話しかけてきたら、「あっち行って！」とか「後にして」とかばっかり言ってしまう。ひどい時には、「邪魔！」とか言ってしまったりして。で、後で、「あれ？　私何をやっているんだっけ？」「こんな風に子どもに怒るために起業したんだっけ……」と反省したりするんです。

　起業って言っても、まだそんなに稼げているわけじゃないし、夫はただの小遣い稼ぎだと思っているし、毎日ブログやSNSに投稿しても売り上げは上がらないし。子どもにはイライラするし、という負のスパイラルにハマっている人は周りにも多いですね。

🧑‍🦰**さわらぎ** そこまで具体的にターゲットをイメージできているのに、それを、よくある「子育てにイライラする」としてしまうのはもったいないですね。
「子どもが邪魔だと思ってしまうママ」というターゲットに設定した方が、「これ、私のことだ！」と思われる気がします。

🧑‍🦰**Bさん** 子どもが邪魔だと思ってしまう……結構インパクトが強いですね。っていうか、怖くないですか？　そんなにいつも邪魔だ邪魔だと言っている怖いお母さんではないんですが……。

🧑‍🦰**さわらぎ** 「邪魔と言う」のではなくて、「思ってしまう」というところに後悔は見えますよね。この言葉を「自分を売り出す1行」にするかどうかは後で決めるとして、ターゲット設定はこれぐらいはっきりしておいた方がいいです。

そうですね。確かに、私が救いたいのは、そういう「ダメだとわかっていてもイライラしちゃう、子どものために起業したのに……というジレンマを抱えている人」です。単に子どもにイライラするだけではなく。こうして言葉にしていくと、自分がどんな人の役に立ちたいと思っているかが、わかってきますね。

☑ 相手が困っていなければ、余計なお世話

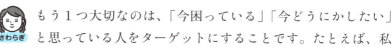
もう1つ大切なのは、「今困っている」「今どうにかしたい」と思っている人をターゲットにすることです。たとえば、私は以前、ある自治体のメタボ健診の受診率アップのキャンペーンに関わったことがあるのですが、「10年後も健康であるために健診を受けましょう」と言ったところで、もともと健康に関心のない人は健診を受けようとは思わないのです。今、何か体に不調があったり、同年代の友達が病気になったりなど、何かがあって「健康でいないとヤバいかも」と思った人が健診に行こうかと思う。全く不満も不便も感じていない人の心を動かすのは相当ハードルが高いです。

　同じように、たとえばダイエットサプリを売るとして、ターゲットは「太っている人」ではない。太っているからターゲットなのではなく、太っていることで何か不満や不便を感じているから、そのサプリが気になるわけです。ぽっちゃりがウリのタレントはターゲットではないし、太っていても気にしていない人に「そのままじゃ健康に悪いですよ」と言ったところで、響かないし、余計なお世話です。

「悩み」とまではいかなくても、「不安・不満・不便」を日常で感じている人、何かわからないけど、なんかイヤだな、なんだか上手くいかないなと思っている人をターゲットにする。そして、その人

がどんなことに悩んだり困ったりしているか、どうなりたいと思っているかを「具体的な言葉で書く」から、相手が「自分のことだ」とピンとくる。ここがとても大切なポイントです。

Bさん なるほど。確かに、自分が全然悩んでも困ってもいないことを「あなたヤバいですよ」と言われたら、余計なお世話なだけですね。でも、やりがちなことかもしれません。

Aさん 「これをやったほうがいいよ」「これをしないと損しますよ」なんて言うのは、提供者のエゴですよね。

☑「言われてみればそうかも！」を見つける

Cさん でも今、モノがこんなにあふれている時代なので、「もとも

とほしい人」だけでは売れないから、潜在的にニーズを持っている人をハッとさせるような切り口が大事、ってよく聞きます。

はい、もちろん、潜在的にニーズがある人をターゲットにするのもアリです。潜在ニーズというのは、「本人は気づいていないけど、実はそのことにニーズがあった」ということですよね。でもその場合も、たとえば「健康のために健診に行こう」というニーズはないにしても、「そろそろ、体のことを気にしないとやばいかも」「なんか、ズボンがきつくなってきたな」「残業続きで食生活が乱れてるなぁ」みたいな、何かしらの負の状態はあるわけです。その負の状態が「健診に行こう」とイコールで結びついていないから、いわゆる潜在ニーズと呼ばれている。でも、そこにはちゃんと「不の状態の自覚がある」。だから、そのまだ自分でも言葉にできていない感情を、言葉にしてあげると「自分のことをわかってくれた」と共感されるわけです。

　まったく何にも体の状態や将来に対して不安がないとか、こんな風になりたいという理想もない人をターゲットにするのは難しい。でも、何かしら不安や欲求を感じている人というのは、ターゲットになります。スティーブ・ジョブズが、「多くの場合、人はかたちにして見せてもらうまで、自分がなにを欲しいのかわからないものだ」と語っています。ふだんから自覚されていなくても、それを見たり指摘されたりしたときに「なるほど！」「そう言われればそうだな」と納得できるものを見つけることが大切です。

　では、次に、ターゲット設定の２つ目、「実在の人物をひとり決める」です。
「今書き出したニーズが、誰の役に立つか」を自分の知り合いの中

で具体的にひとり考えて書き出します。取引先やクライアントの○○さん、上司や部下、違う部署の○○さん、昔からの知り合い、ママ友やパパ友、など誰でもOKです。

☑ 具体的なひとりを想定し、その人についての詳細を書き出す

 １つのニーズにつき、１人書くんですね。社内資料のことでいうと、得意先の担当課長のＳさんがパッと思い浮かびます。

 そうです。具体的な１人の人の名前を、P.77の図の真ん中のボックスに書き入れます。

 私は、周りのママ友もそうなんですが、一番は昔の自分です。昔の自分がターゲットというのでもよいでしょうか？

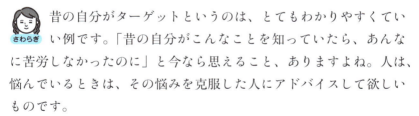 昔の自分がターゲットというのは、とてもわかりやすくていい例です。「昔の自分がこんなことを知っていたら、あんなに苦労しなかったのに」と今なら思えること、ありますよね。人は、悩んでいるときは、その悩みを克服した人にアドバイスして欲しいものです。

　昔の自分をターゲットにするときは、たんに「昔の私」と書くのではなく、「○年前、○歳で、どこに住んでいて、どんなことに悩んでいた、どんな風になりたいと思っていた、あの時の私」とピンポイントに設定するのがポイントです。

ターゲット設定のステップ

1. ターゲットの「悩み」と「理想」を書き出す
2. 実在の人物をひとり決める
3. その人について詳細を書き出す
4. わからないことは本人や似ている人をリサーチする
5. 仮説→検証を繰り返す

　次にそのひとりの人物についての詳細を書き出します。**ポイントは、「実在の人物について」書くということです。架空の人物を想像して書くのではありません**。架空の人物を想定して詳細を書き出すと、「こんな人がいたらいいな」「こんなことを悩んでいる人がいたら買ってくれるな」というこちらの希望になってしまいます。実際にはそんな人はいない、という可能性があるのです。そうではなくて、実在する人物について、その人の詳細を書き出すのです。

　わからないことは、その人やその人に似ている人へのリサーチが必要です。自分の頭で考えるのではなく、現実をリサーチするのです。企業であれば、ウェブアンケートを行ったり、ターゲットへのヒアリングを行ったりしますが、個人でもできることはあります。

　簡単なのは、ターゲットの人が集まりそうな場所に行くこと。または、自分のターゲットに近い人が興味を持つテーマでお茶会などを開催するのもいいでしょう。ネット上にある掲示板でキーワードを入れて検索するという方法もありますが（たとえば「集客　悩み」というようにキーワードを入れて検索する）、ネット上にある悩みよりも、リアルな人が集まる場で収集した情報の方が信憑性は高い。ネット上で、誰かが書いているものは、その誰かの視点を通して編集された2次情報です。それよりも、今・現場でリアルに起こっている1次情報を取りに行く意識が必要です。

Aさん

名前(実在の人物)	Sさん(得意先の担当課長)		
性別	男性	職業	電機メーカー営業課長
年齢	43歳	収入(主婦の場合は世帯収入)	年収850万
家族構成	妻　小学4年生と1年生の娘		
趣味	スポーツジム　朝ラン		
よく見る雑誌やメディア	「プロフェッショナル仕事の流儀」「賢者の選択」日経電子版　プロ野球ニュース		
よく見るSNS	Twitter YouTube		
口ぐせ	「要するに」「早い話が」「あいつよりマシ」「うちの会社ではちょっと無理ですね」「俺は違うけど、そういうやついるよね〜」		
人からよく言われること	「話が長い」		
うれしい誉め言葉	「さすが課長 仕事が早いですね」「頼りになります」		
今チャレンジしていること	働き方改革による会社からのプレッシャーがあり、部下を早く帰すことに取り組んでいるが、まず自分が早く帰れない		
よく検索するワード	効率　仕事術　エクセル技　成果　問題解決　決断力　スピードアップ　集中力　プレゼンスキル		
気になるハッシュタグや見出し	部下を育てる　戦国武将に学ぶ　疲れない身体を作る		
コンプレックス	若手社員との意思疎通がうまくいっていない気がする		
やりたいけどできてないこと	部下へのヒアリング　朝晩の通勤ラッシュを逃れる　朝の時間を有効に使う		
出没場所	会社の近くのチェーン系カフェ		

72

Bさん

名前（実在の人物）	3年前の自分		
性別	女性	職業	専業主婦
年齢	34歳	収入（主婦の場合は世帯収入）	世帯年収550万
家族構成	会社員で帰宅の遅い夫　長女（4歳）　長男（1歳）		
趣味	お菓子作り　ベビーマッサージ　スクラップブッキング　子どもの写真を撮る		
よく見る雑誌やメディア	雑誌『Mart』（書店で立ち読み）地域のフリーペーパー テレビは子ども番組（プリキュアなど）のみ		
よく見るSNS	Instagram　アメブロ		
口ぐせ	「今忙しいから、あっちに行って（子どもに）」「もう！邪魔！（子どもに）」 「どうせ、私なんて」「○○さんちは、実家が近いからいいよね」「もうちょっと時間があれば、○○できるのに」「私がやらなきゃ、誰もやらないから」		
人からよく言われること	「もうちょっと手を抜いたらいいのに」「○○って知ってる？」 「○○に子どもと行けるカフェができたよ」		
うれしい誉め言葉	「センスがいい」　「おしゃれ」　「○○さんみたいになりたい」		
今チャレンジしていること	家でできる仕事がしたいので、資格取得の勉強（アロマとコーチングとベビーマッサージ）		
よく検索するワード	おうち起業　子育てと仕事　働くママ　子連れカフェ 子連れセミナー　ママ起業　おうちサロン		
気になるハッシュタグや見出し	ママになってもおしゃれしたい　場所にとらわれずに働く 私らしく起業		
コンプレックス	子どものせいで、ブログを書いたりする時間がないけど、そう思っている自分がイヤ 自分が本当に何がしたいのかよくわからない とにかく資格を取ったけれど、どうしていいかわからない ブログやSNSの発信をしているが集客できない		
やりたいけどできてないこと	周りからは、家事をもっと手抜きすればいいと言われるが、手を抜く加減がわからない 何でも自分でやった方が早いと思って、人に任せられない		
出没場所	ショッピングモール　子連れ可能なセミナー　子連れで行きやすいカフェ		

Cさん

名前（実在の人物）	Mさん		
性別	男性	職業	イタリア料理店店主（ホテルのレストランで修業後、3年前に独立開業）
年齢	45歳	収入（主婦の場合は世帯収入）	年収450万
家族構成	妻（店で接客を担当）とふたり		
趣味	食べ歩き　海外旅行（開業してからは行けていない）		
よく見る雑誌やメディア	『日経レストラン』『月刊専門料理』『Hanako』などのレストラン特集		
よく見るSNS	Facebook		
口ぐせ	「新しいメニュー考えたから食べてみて」「なんで、うちよりあっちの店が流行るんだ」「いい人雇いたいけど、なかなかいない」「看板メニューを作りたい」「オリジナリティで勝負したい」「ブログを書いているのに、集客につながらない」「口コミサイトにいろいろ書かれて困る」		
人からよく言われること	「食材へのこだわりがすごい」 「いつ来ても新しいメニューがあってうれしい」		
うれしい誉め言葉	こんなお店を作りたい		
今チャレンジしていること	食材価格の高騰に影響されないよう仕入れ先の開拓 女子会やセミナーとしての使用などで、カフェタイムの単価を上げる		
よく検索するワード	飲食店経営　SNS集客　インスタ映え　イタリアン　女子会		
気になるハッシュタグや見出し	食材ロス　客単価アップ　飲食店の差別化		
コンプレックス	お客様からの要望に応えすぎて、店のコンセプトが見えない		
やりたいけどできてないこと	「この店に来たからにはコレを食べたい」と言われるような看板メニュー開発		
出没場所	商工会議所のセミナー　経営者が集まる朝の勉強会		

Dさん

名前(実在の人物)	Hさん(お客様)		
性別	女性	職業	エステサロン経営
年齢	49歳	収入 (主婦の場合は世帯収入)	年収450万
家族構成	ひとり暮らし(離婚後、二人の娘を育て上げる) 23歳、19歳(大学生)の娘は二人とも一人暮らし中		
趣味	女友達との旅行　娘と娘の彼氏とごはん　ヨガ		
よく見る雑誌やメディア	『STORY』(雑誌)		
よく見るSNS	Facebook　Instagram		
口ぐせ	「もうちょっと若かったら、やるんだけど」「お客様をきれいにする仕事で、自分が一番疲れてる」「何歳に見える?」「娘が言ってたんだけど、今の若い子って…」		
人からよく言われること	「いつ見ても変わらない」		
うれしい誉め言葉	娘と姉妹みたい　いくつかわからない		
今チャレンジしていること	LINEグループを作ってダイエット		
よく検索するワード	40代美容　アンチエイジング　インスタ映え　美容医療		
気になるハッシュタグや見出し	フォトジェニック　インフルエンサー　なりたい自分になる 若作りより若見え　自分にご褒美		
コンプレックス	髪のボリュームがなくなってきた　髪の艶がなくなってきた 去年までの服が似合わない		
やりたいけどできてないこと	毎日丁寧なスキンケアやストレッチなどをしたいが、3日坊主 自分のために美容に良い食事をしたいが、面倒くさくてできない		
出没場所	話題のレストラン　百貨店の化粧品売り場		

☑ あなたにお金を払ってでも相談したい人は どこにいるか

次に、そのニーズを持っている人は、他にどんなところにいそうかを考えます。

たとえば、「一発で通る社内資料を時間をかけずに作りたい」人は、Sさん以外にいるとするとどんな人でしょうか。ここは、具体的な個人名でもいいですし、○○な人という属性で考えてもいいです。忙しい営業マン、入社3年目までの新人、などは思いつきやすいですが、視点を変えると、部下の残業を減らしたい管理職や中小企業の社長という手もある。「社内資料は一律でフォーマット化して部下の労働時間を減らしましょう」という提案ができるでしょう。

たとえば、ビジネスマン対象だと思っていたことを学生や子どもに当てはめてみると？　男性ターゲットだと思っていたことを女性にしてみると？　受け手だけでなく、それを教える立場の人にすると？　など、ターゲットを「ずらして」考えることで、新たな市場が見えてきます。今自分が就職や転職を考えているなら、そのニーズを持っているのはどんな企業か、会社名や業界名で書いてみましょう。

これ、書き出したニーズ全部に対してひとつずつやっていくんですよね？　けっこう面倒くさいというか時間かかりますよね。

そうです。面倒くさいと思うか、「自分にはこんなことをする可能性もある」と思ってワクワクして取り組むかはその人次第ですが、今の自分に、思っていた以上にできそうなことがたく

さんあると思えば、時間をかけて取り組む価値もあると思います。

Dさん　確かに。自分の強みやできることって、「しぼっていく」ものだと思っていたので、広げるということを今までしていなかったかもしれません。こんなこともできるかもしれない、こういうアプローチもあるかも、と考えていくのは、楽しいです。

さわらぎ　「まとめよう」「しぼろう」とばかり考えずに、まずは自由に発想を広げていきましょう。まとめるのは最後にできますから。

Aさん

- 忙しい営業マン（社内のB課長とか）
- 入社3年目までの新人

ニーズ
一発で通る社内資料を時間をかけずに作りたい

実在の人物
得意先のSさん

- 部下の残業を減らしたい管理職
- 男性相手のプレゼンが苦手な女性

Bさん

- 家で仕事がしたいと起業したママ（おうちサロン系）
- コーチングやカウンセリングをしている人

ニーズ
子どもに邪魔と言ってしまう起業家

実在の人物
昔の私　ママ友Aさん

- ハンドメイド作家
- ライターやデザイナーなど在宅ワークの人

Step 2　「どんな人の役に立ちたいか」を決める

Cさん	Dさん
新規客を増やしたい飲食店オーナー / 独立開業を考えている料理人	髪型が気になる40代以上の女性 / メイク関係の仕事の人
ニーズ：集客がうまくいかない	**ニーズ**：髪のボリュームがなくなってきた
実在の人物：イタリアン料理店 店主Mさん	**実在の人物**：Hさん（お客様）
今よりも若い客層にアプローチしたい飲食店オーナー / ネットの口コミサイトに困っている飲食店オーナー	ファッション関係の仕事の人 / 母の髪が心配な娘

Cさん　ターゲットはひとりにしぼらなきゃいけないと思っていました。ペルソナをひとりにしぼれとよく言われますよね？

さわらぎ　確かに、文章を書くときは「ひとりに向かって書く」と心に刺さる文章になります。でもそれは、「自分のターゲットをひとりに決める」という意味ではありません。ターゲットは、いろんな方向にいていいのです。たとえば、私の場合は、文章講座に来る人は、個人事業主や起業家もいれば、企業の広報担当者や広告代理店勤務の人もいる。学生もいれば主婦もいるのです。一見バラバラでも、共通項は「自分の言葉で自分の価値を伝えたい人」です。それが、真ん中にある「ニーズ」です。

Step 3

「自分の資源の一覧表」
を
作る

☑ 自分のこれまでを洗いざらい書き出してみる

　では次に、自分の今までの経験や仕事を棚卸しします。広告のキャッチコピーを作る際も、商品・サービスの特徴をまずは書き出すことをします。自分のこれまでを、以下の項目に当てはめながら洗いざらい書き出す感じです。

　ポイントは、「自分では当たり前」と思っていることも書くことです。あなたを全く知らない人に自分のことを伝える気持ちで書きましょう。ここでは、相手の視点を気にする必要はありません。自分視点で書けばOKです。

1. <u>仕事の専門性</u>（どんな専門性を持っているか＝これまで経験したすべての業界・職種、アルバイトなども含む）
例：営業、法人営業、新規開拓、販売、会計、財務、マーケティング、プログラミング、デザイン、ライティングなど

2. <u>仕事上の経験</u>　（＝職種に紐づかない経験、そこでどんな役割をしてきたか？）
例：チームマネージャー、プロダクトマネージャー、支店長、支店のリーダー、商品開発、営業開発、ホールスタッフをまとめる、シフトの管理など

3. <u>実績</u>（実際にやり遂げた成果や業績）
例：売上、お客様の数、達成率、シェア、前年度比での成長率、社内ランキングなど　数字で表せるものは数字で書き出す

4. <u>仕事やプライベートで取り組んだ自分なりの工夫</u>

例：一度来店したお客様の好みを把握するため、ノートに書き出していた。同じミスを繰り返さないために、自分のミスを部署内で共有していた。

5. コンプレックスを克服したこと
例：英語が話せなかったのに、ビジネスで使えるようになった。会社をクビになってから3カ月で事業を立ち上げた。人前で話すのが苦手だったのに講師になった。

6. スキル （得意なこと、人よりたくさん知っていること、特に勉強したことなど）
例：PCスキル、営業力、プログラミング言語の理解、プレゼンテーション力、空気を読む力、文章作成力、スピーチ力など

7. 人脈 （どんなジャンルの人とつながっているか、新しいことを始めても協力・応援してくれる人は誰か）

8. 性格 （人から言われる長所や短所）

9. 資格

10. ストレスなくできること、気づいたらできていること

☑ 自分を棚卸しすれば、意外な「ウリ」が見えてくる

　1は、仕事の専門性です。自分がどんな専門性を持っているか。これまで経験したすべての業界と職種を書き出してくだ

さい。たとえば私なら、広告業界、コピーライターという具合です。単語で書いて構いません。

Aさん これまでに経験したすべての業界・職種ですね。今は広告の営業、その前は食品メーカーの営業。食品メーカー時代は、新規開拓の営業でした。大学時代は、塾の講師と、居酒屋のホールスタッフ。高校生のときは、コンビニでバイトしていました。

さわらぎ そんな感じでOKです。就活中の人は、アルバイトの経験や学生時代にやってきたこと（部活や行事など）を書きましょう。休職中の方も、今までやった仕事について小さなことでもいいので書き出してみてください。
　2は仕事上の経験です。そこで、自分がどんな役割をしてきたか。これは、業界や職種にかかわらず、あなたの財産になることです。

Aさん 今は、チームリーダーとして7名のチームをまとめています。前職では、新人の営業マンだったので、特に役割はなかったような。

さわらぎ こんな仕事をした、こんなことに取り組んだという書き方でも構いません。新規営業ということですが、具体的にはどんなことをしていましたか？

Aさん 担当していた業務用の調味料や冷凍食品をもって、ホテルや旅館などの宿泊施設や、レストランや食堂などを回っていました。商品を使った試食品を作って食べてもらったり、新しいメニューの提案などもしていました。

なるほど、新メニュー提案、試食品の実演と書けばいいでしょう。

仕事としてちゃんと報酬を受け取っているものだけですよね？ ボランティアは含みませんか？

ボランティアのことも書いても構いません。1が、どんな業界（ジャンル）で何をしたのか、2がそこでの自分の役割です。

介護施設でアロマテラピーのボランティアをしました。役割としては、施設側との日程の調整や、ご要望をヒアリングしたりしていました。

3は実績です。実際にやり遂げた成果や業績を数字で表していきましょう。売り上げやお客様の数、達成率や業界や社内でのシェア、前年度比での成長率、社内ランキングなど、自分がやったことを数字に落とし込んでいきます。

　数字にすると、説得力が増します。「たくさんのお客様を獲得して売上を上げた」ではなく、「年間何人なのか、トータルで何人なのか」というように数字にします。過去の自分の棚卸しなので、調べてみればわかることは、全て調べて書き入れてください。

私は、特に実績とか、数字とかそんなのはないです。

数字で表せることがないという方も大丈夫です。そこは飛ばしていいので、次に行きましょう。4は、「仕事やプライベートで取り組んだ自分なりの工夫」です。たとえば、常連のお客

様の顔と名前と好みを覚えるためにノートをつけていたとか、プライベートでも、毎日の夕食の献立に困らないように一度作って好評だったメニューを書き出していたとか。小さなことでもいいので、工夫したと思うことを書きましょう。

STEP1のワーク（P.54）で「自分なりに大切にしているポイント」で書いたことと同じでもいいですか？　取材のアポの入れ方を工夫したってことですけど。

はい、もちろんいいです。ワークをしていくと、重複した内容が出てくることがありますが、何度も出てくるということは、それを自分が大事にしているということなので繰り返してもOKです。ただ、同じことにばかりならないように「他にない？」って自分にツッコミを入れながら進めてください。

☑ コンプレックスや挫折が、 今の自分に与えたものは何か？

5は、「コンプレックスを克服したこと」です。苦手だったことを、お金や時間をかけて克服したことはありませんか。挫折から這い上がった経験、昔はできなかったことができるようになったことなどです。「昔の自分に教えてあげたい」というようなことですね。

　挫折から這い上がってきた経験は、それだけで強烈な動機になります。たとえば私は、育児休業の後に、会社を辞めたというかほぼクビになったのですが、そのときのドン底経験が、「自分のメディアで発信して、ゼロから仕事を作る」という今の仕事の一番の動機

になっています。また、もっとさかのぼれば、私が小学生の頃に父親が精神的な病気になり、それまでパート主婦だった母親がいきなり一家の大黒柱になりました。そのときに「女性でも一生続けられる仕事をしないとヤバい」と思った。まだ10歳になる前だったと思いますが、強烈な体験として自分の中にあるわけです。幼少期の体験と、育休明けのドン底経験のふたつがあって、今の私の仕事の動機というか、ミッションというか、「なぜ、この仕事をやっているか」につながっています。

　皆さんも、<u>自分の人生の中で、栄光もあれば挫折もあると思います。それは、社会人になってからかもしれないし、もっと昔のことかもしれない。「挫折」を書き出すことで、自分の仕事やこれからやりたいことの動機が見えてくるかもしれません。</u>

　また、「できなかったこと」が「できるようになった」という経験も思い出してみてください。今の自分が、「できなかったときの自分に教えてあげたい」と思うようなことはありませんか？　英語が全く話せなかったけど、急に外国人の上司が来たので、最低限のビジネス英会話を覚えたとか、人付き合いが苦手だからこそ身につけた処世術とか。初めから得意だったことよりも、「できなかったけどできた」という人の方が教えるのが上手かったりします。野球でもなんでも、初めから天才的にできる人は、指導者に向かないと言われますよね。

☑ できなかったことができるようになった経験は、教える武器になる

Cさん

僕は、もともと人と話すのが苦手で、人の目を見ることもできないぐらいでした。中学のとき、女子に「胸ばっかり見な

いで！」って言われたことがあるんですが、胸を見てたんじゃなくて、顔がうつむいていただけなんです。でも、そう言われたことで、余計にどこを見ていいかわからなくなって、常に目が泳いでいた。もともと絵を描いたり、パソコンをいじったりが好きなオタクみたいな感じで。就職するときも、デザイナーならパソコンに向かっていればいいからと思ってたんですけど。

　印刷会社に入ってすぐに、プレゼンをさせられることがあって。まさかデザイナーの自分が人前でプレゼンすることになるなんて思いもしなかったんですが、結局、どんなにキレイなデザインができたとしても、それを人にちゃんと伝える力がないと「会社の駒」になるだけだなと思って。それから、人の目を見て話せない自分でも、堂々とプレゼンするための練習をしました。それがあったから、独立してもなんとかやっていけている気がしますね。ネット上で仕事をやり取りするだけじゃなくて、リアルで人と会って自分の意見が言えるデザイナーっていうのが、貴重なのかもしれないです。そこを買ってもらっている気はしますね。

さわらぎ **コンプレックスや挫折の経験は、それが動機になり新たなスキルを身につけたり、経験によって得た教訓が自分の価値観を形作っていたり、また、今の仕事やこれからやりたいことなどをやる原動力になっている人も多い**と思います。ここをしっかり振り返っておくことは、「自分を売り出す1行」を作る上でとても大事です。

Bさん 自分は周りのキラキラしている人に比べて特技もないし、これといった強みもないと思っていました。コンプレックスや挫折なんてマイナスでしかないと思っていましたが、言われてみれ

ば、今の自分を作っているものは、「いいときの自分」よりも「ドン底だったときの自分」なのかもしれないな。

ダイエットでも、英会話でも、起業塾でも、婚活でもそうですが、「コンプレックス」は大きなビジネスチャンスになります。人のコンプレックスに付け込んで煽ったりビビらせたりする商法は「うさん臭い」と思われるだけなのでお勧めしませんが、「自分もこうだった」という経験から出てくる言葉は、共感を呼ぶことは間違いないでしょう。

　さあ、次の6はスキルです。スキルとは、後天的に身につけたものです。特に勉強したこと、時間をかけて身につけたこと、人よりもたくさん知っていること、役に立つ技術などを書いてください。

☑ スキルも資格も、ただあるだけでは役に立たない

自分の名前で仕事をするためには、スキルが一番大事だと思っていましたが、スキルって、こんな扱いなんですね。なんていうか、この表のこんな下の方にあるだけっていう。

そうですね。スキルがすべてではないです。スキルがあることはもちろんいいことですが、スキルを「相手が求めているもの」に変換する必要がある。逆を言うと、スキルはなくても、「相手が求めているもの」を提供できれば、それが価値になり、お金になり、仕事になるわけです。「自分はこんなスキルがある！」と叫んだところで、相手がそれを求めていない限り、そのスキルの価値はゼロなわけです。その次に出てくる「資格」もそうですが、あくまでも「相手ありき」です。だから、ターゲットをしっかりと

設定する必要があり、自分の価値を感じてくれる人を、ひとりの人以外にも見つけることが大事なわけです。ここで書き出した資源は、この次のステップで「相手にとってどういいか」に変換します。スキルを伝えるだけでは、「自分を売り出す1行」にはならないのです。

☑ 会社名がなくなっても、協力してくれる人は誰か

7は人脈です。どんな人とつながっているか、何かを始めたときに応援してくれる人は誰かを書き出していきましょう。会社員の人は、今自分とつながっている人が、「○○会社の自分」だから付き合ってくれているのか、それとも会社を辞めても関係が続く人なのかを見極めることが必要です。今仕事でつながっている人が、会社を辞めて独立した自分にも仕事をくれるとは限りません。

「フリーになったら仕事よろしくね」なんて口約束ほど当てにならないものはないのです。

Aさん　そう言われると、今の自分に会社名がなくなった後にも続く人脈なんてないような気がしてきました。交流会とかそういうところに行った方がいいってことですか？

さわらぎ　そういうところでたくさんの人と名刺交換したからと言って、即それが人脈になるわけではないでしょう。仕事以外のコミュニティでのつながりが、意外なところで仕事につながることもよくあります。仕事にかかわらず、自分が属しているコミュニティと思って書いていきましょう。

8は性格です。ここは、自分で思うことよりも、人から言われる長所・短所を書きましょう。

大切なのは「人が自分をどう見ているか」を知ることです。自分で自分のことを「誠実でまじめだ」と思っていても、人がそう評価していなければ意味がないのです。ここでは、よく人に言われる長所と短所を書き出しましょう。短所は、長所の裏返しです。「飽きっぽい」のは、裏を返せば「好奇心旺盛」「一度にいろんなことに取り組める」などの長所に変換できます。

自己評価ではなく、他人から見た自分の性格を書くことです。できれば、周りの人に調査しましょう。お客様、仕事仲間、初対面の人に印象を聞くのもいいでしょう。

9は、資格です。今自分がやりたいことや現在の仕事と関係なくてもいいので、持っている資格や免許を書いてください。

ラストの10は、「ストレスなくできること」です。

☑「好きを仕事に」と言われても、やりたいことが特にない

「『好きを仕事に』というのが流行っていますが、やりたいことなんて特にないです」という声もよく聞きます。趣味で好きなことはあるけど、それを仕事にするほどでもないという人も多いでしょう。確かに、「好きを仕事に」できれば幸せですが、誰もがそれを実現できるわけではないかもしれません。

　実際に私の周りにも、「好きを仕事に」してそうに見える人はたくさんいますが、そういう人に聞くと、「別に、特に好きなことをしている意識はない」「これしかできないからやっているだけ」という答えも多いのです。

確かに。好きを仕事にとか、好きなことだけをして生きていくというのが流行っていますが、それができる人は一部なような気がします。

『転職の思考法』（北野唯我 著 ダイヤモンド社）という本に面白いことが書いてありました。人間には2パターンいるそうです。
- to do（コト）に重きを置く人間
　➡何をするか、で物事を考える。明確な夢や目標を持っている
- being（状態）に重きを置く人間
　➡どんな人でありたいか、どんな状態でありたいかを重視する

　この本の著者によると、99％の人間がbeing型なのだそうです。そしてその99％の人間が、『心からやりたいこと』という幻想を探

し求めていると著者は述べています。

　有名な起業家やスポーツ選手など一部の人だけが to do 型であるのであれば、それをマネすることが賢明ではないかもしれない。私の周りにいる「好きなことを仕事にしている」ように見える人の多くも、実はその「仕事の内容が好き」というよりも、「それをしている自分が好き」「それをしているときの環境が好き」という人が多いと感じています。

　だから、ここで書き出すのは、「ストレスなく取り組めること」です。あ、これをやっているときはストレスを感じないな、とか楽にできているな、と思うことを書き出してみましょう。小さなことでもいいです。仕事でも、プライベートでもOKです。

Aさん　僕はお金の管理がストレスなくできますね。というか、家計管理をエクセルで表にしているのですが、毎月それを眺めるのはむしろ楽しみでもあります。

Bさん　えー、私はそれは苦手ですね。家計管理が楽しい人もいるんですね。

☑ 視点を変えれば、自分の仕事に活かせる強みになる

Dさん　僕は、高校生のときに1年間イギリスに留学していたのと、専門学校時代もイギリス人の彼女がいたので、英語はまぁ普通にしゃべれます。英語のサイトで、ニュースを読むのも苦痛じゃないかな。難しいニュースまでは読めなくても、ファッションニュースなんかは原文で読むことができるので、情報が早いしニュアンスをつかみやすいですね。

Cさん それって、すごい強みですよね。そこをウリにすればいいのに。僕なんかは英語がからっきしダメなので、すごくうらやましいです。

Dさん そうか。今まで英語のことは美容師の仕事とは関係ないと思っていました。実際に日本語がしゃべれない外国のお客様が来られることもほとんどなかったし。でもこれからは増えていくでしょうし、確かに強みかもしれないですね。

さわらぎ お客様もそうですし、外国人で、日本で美容師免許を取って日本で働きたいという人も増えていますよね。新聞で見ました。今は日本での在留資格がないため免許を取っても帰国する人が多いけど、地方では美容師不足が進んでいると書いてありました。規制緩和が進めば、日本で働く外国人美容師が増えるでしょうし、その際の研修などの需要もあるかもしれませんね。これは美容業界だけでなく、飲食業なども同じでしょう。地方の中小企業を中心に、外国人活用のニーズは確実に高まっています。

　それに、海外のサイトを原文のまま読めるというのも強みですね。翻訳者の視点を入れずに、流行の最先端の空気感までリアルタイムで感じ取れる。お客様へのスタイル提案にも、役立ちますよね。

Dさん なるほど。こんなこと大したことはないとか、他にもできる人はいっぱいいるとか思っていたことも、視点を広げれば自分の仕事に活かせる強みになるんですね。

Aさん それでいうと、私は女性の中に男がひとりという状況がストレスではない、というかわりと好きです（笑）

☑ ストレスを感じずに続けられることは何か？

Bさん ストレスではないのはいいですが、好きって（笑）。でもまぁ、男の人がみんな周りに女の人がいるのが好きってわけじゃないですもんね。お店のきれいなお姉さんなら別ですが、職場とかPTAとかでしょう、確かに苦手な人、多いですよね。

さわらぎ 自分がどんなことをしているときにストレスを感じないのか、どんな状況にいる時に楽に過ごせるのかというのを知っておくことは、これから何をするにしても「やるか、やらないか」を決める時の基準になりますね。

このワーク全体を通してですが、こうして「書き出すこと」に意味があります。何となく頭で思っているだけでは、自分のことが整理できません。自分のことが整理できないということは、それを相手に伝えることもできない。

「考える」と人はよく言いますが、考えるだけでは足りないのです。「書き出すこと」「言葉にすること」それを常に意識していきましょう。

Aさん

仕事の専門性(どんな専門性を持っているか＝これまで経験したすべての業界・職種)	広告業、営業。食品メーカー、営業(新規開拓)。塾の講師(英語、数学)、居酒屋のホールスタッフ、コンビニのバイト
仕事上の経験 (＝職種に紐づかない経験、そこでどんな役割をしてきたか？)	チームリーダー(7名)、新メニュー提案 試食品の実演
実績 (実際にやり遂げた成果や業績)	新規クライアント獲得数　年間8件(営業部トップ) 食品メーカー時代は、飛び込み営業で1日最高5契約達成
仕事やプライベートで取り組んだ自分なりの工夫	社内のスタッフに仕事を依頼する際は、他部署であっても必ず顔を合わせて話をする。 飛び込み営業では、訪問先の特徴をノートに記録。 感謝の言葉を大げさなぐらい伝える。
コンプレックスを克服したこと	食品メーカー入社1年目は、電話応対だけが仕事だった。会ったことのない人からのクレームや問い合わせに答える毎日でストレスがたまっていたが、まず聞く、同意するということを徹底するようになったことで、電話先の相手の様子が変わることを実感。その聞く姿勢がその後の営業に活かせたと思う。
スキル(得意なこと、人よりたくさん知っていること、特に勉強したことなど)	資料作成　エクセルの早技 相手の話を遮らずに聞く
人脈(どんなジャンルの人とつながっているか、新しいことを始めても協力・応援してくれる人は誰か)	学生時代の友達　テニスサークルの仲間 地域のパパ友ママ友 フリーのデザイナーやコピーライター
性格 (人から言われる長所や短所)	・マメ　まじめ　ストイック ・細かい　頑固
資格	普通自動車免許
ストレスなくできること、気づいたらできていること	資料作成 マニュアル化、フォーマット化 家計管理などお金の管理 女性が多い中にひとりでも平気

Bさん

仕事の専門性(どんな専門性を持っているか＝これまで経験したすべての業界・職種)	パソコンインストラクター(企業に派遣)　大学生へのパソコンの指導　パソコン教室でのインストラクター　介護施設でアロマテラピーのボランティア
仕事上の経験 (＝職種に紐づかない経験、そこでどんな役割をしてきたか？)	後輩の指導　施設側との日程の調整 ご要望をヒアリング
実績 (実際にやり遂げた成果や業績)	
仕事やプライベートで取り組んだ自分なりの工夫	笑顔でいる　接客のノートを作る パソコン教室のブログ　メルマガの発信 後輩指導のマニュアルを作る
コンプレックスを克服したこと	・家の片付けや掃除が苦手だったが、子どもができてから一念発起して人が呼べる家を目指して物を減らした。 ・夫の転勤で産後すぐに引っ越してきたので、子どもを連れて出かけるところがなく、半年間は引きこもっていた。その後、ベビーマッサージ教室に行き始めたことで、生活が変わった。 ・生理不順や体調不良が多かったので、アロマやセルフマッサージを学んで改善した。
スキル(得意なこと、人よりたくさん知っていること、特に勉強したことなど)	アロマ(スクールに通い資格取得)　ベビーマッサージ　ママ向けコーチング 地域の子育て情報　お出かけスポット
人脈(どんなジャンルの人とつながっているか、新しいことを始めても協力・応援してくれる人は誰か)	友達　上司　元同僚　スクールの仲間
性格 (人から言われる長所や短所)	・面倒見がよい　やさしい　気が利く　安定している ・地味　おとなしい　華がない
資格	○○認定アロマセラピスト　ベビーマッサージ コーチング
ストレスなくできること、気づいたらできていること	読書　資料を探すこと　パソコン作業　人の話を聞くこと　写真の整理　文章や資料を作ること

Cさん

仕事の専門性（どんな専門性を持っているか=これまで経験したすべての業界・職種）	印刷業界、デザイナー
仕事上の経験（=職種に紐づかない経験、そこでどんな役割をしてきたか？）	パンフレットやポスター制作、ホームページ制作、アプリ開発、プレゼン
実績（実際にやり遂げた成果や業績）	HTML　WordPressのテンプレート販売 飲食店のホームページ制作　200件以上
仕事やプライベートで取り組んだ自分なりの工夫	ヒアリング力をつける　相手の言いたいことを聞き出すこと　取材のアポの日程調整
コンプレックスを克服したこと	人と話すのが苦手だったが、プレゼンをするようになり人前で話す技術が身についた
スキル（得意なこと、人よりたくさん知っていること、特に勉強したことなど）	グラフィック　ウェブデザイン　おいしい飲食店を知っている　SEOやウェブ集客についての知識
人脈（どんなジャンルの人とつながっているか、新しいことを始めても協力・応援してくれる人は誰か）	飲食店の店主 フリーのコピーライターやカメラマン
性格（人から言われる長所や短所）	・根気がある　明るい　楽しい ・こだわりすぎ
資格	普通自動車免許
ストレスなくできること、気づいたらできていること	Google検索　食べ歩き　地方取材

Dさん

仕事の専門性(どんな専門性を持っているか=これまで経験したすべての業界・職種)	美容師(修行に4年間大手チェーン店で働き、その後父親がオーナーの店で8年) 学生時代は高級クラブのボーイ
仕事上の経験 (=職種に紐づかない経験、そこでどんな役割をしてきたか?)	お客様の施術　アシスタントの教育　在庫管理 おすすめのスタイルをInstagramにアップするなどの広報
実績 (実際にやり遂げた成果や業績)	雑誌の撮影でのヘアメイク、 結婚式場でのヘア担当など
仕事やプライベートで取り組んだ自分なりの工夫	自分の担当以外のお客様の好みも、 覚えるようにしている
コンプレックスを克服したこと	子どものころから器用で人気者の兄と比べられることが多かったので、自分は人とは違うことをしよう、正統派ではないことで勝負しようという気持ちが強く、それが個性になっていると思う。
スキル(得意なこと、人よりたくさん知っていること、特に勉強したことなど)	・海外のサイトが原文のまま読める ・カットの技術　カットして乾かしただけで理想のスタイルになるようにカットの基本を大事にしている ・海外のファッションショーや映画祭などに足を運ぶようにしている
人脈(どんなジャンルの人とつながっているか、新しいことを始めても協力・応援してくれる人は誰か)	・地域(商店街)の店主 ・妻(雑誌の読者モデル)の関係者 ・高校時代の地元の友達
性格 (人から言われる長所や短所)	・頼りになる　リーダー的 ・おおざっぱ　喜怒哀楽が激しい　わかりやすい
資格	美容師免許
ストレスなくできること、気づいたらできていること	・英語で海外のサイトを見ること、字幕なしで映画を見ること ・場を仕切ること ・人の話を聞くこと

Step 3 「自分の資源の一覧表」を作る

Step 4

「相手にとってどういいか」
に
変換する

☑ 自分の資源を、「相手視点」に変換する方法

さあ、次は、STEP4です。ここが一番肝心なところです。何度も言いますが、人が知りたいのは、「あなたが何をしているか」ではなくて、「それが自分にとってどういいか」です。人は、自分に関係のあるものしか興味はないし、それが自分に役立つ、何かいいことがある、と思うから関心を持つのです。

STEP3で書き出したあなたの資源が、STEP2で設定したターゲットにとってどういいか、どんな風に役立つかを書いていきます。

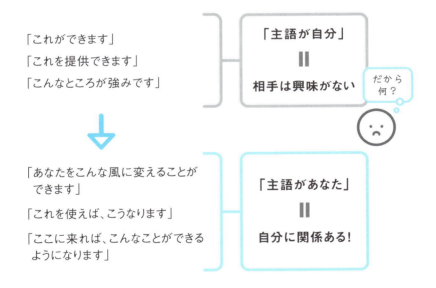

☑ ターゲットに対して自分の資源を使って、できることは何か？

相手にとってどういいかに変換する方法には、3つのステップ（P.102）があります。1から順番に考えていくと書きやすいです。

まず❶は、ターゲットに対してあなたができることを書きます。自分の資源（STEP3）を使って、相手のために何ができるか、何をしたら役立ちそうかを書いていきます。

仕事でやっていることや、これからやっていきたいと思っていることは書きやすいですが、それ以外にも、思いついたことを全て書いていきましょう。

ターゲットで書き出した人が、数パターンある場合は、それぞれのターゲットを想定して書いていくといいでしょう。こうやって、ターゲットに対して自分に何ができるかを考えていくうちに、どのタイプが自分の本当のターゲットかも見えてきます。今の自分にそれができるかどうかは後で考えるとして、今は、「自分はこれができそう」、「こんなこともできるかも？」というアイデアレベルで構いません。

とにかく思考の幅を広げて、これもいいな、あれもあるな、という感じでワクワクしながら書いていくのがポイントです。

❶ 自分にできること

例　3ヵ月のダイエットサポート

❷ 相手のメリット（効果）　　　＊約束できること

例　無理な食事制限なしでやせる

❸ 相手のベネフィット（得られる未来）

例　ノースリーブが似合う体になる（でしょう）　┐
　　営業成績が上がる（でしょう）　　　　　　　├ 人によって求めていることは違う
　　病気のリスクが減る（でしょう）　　　　　　┘

 僕の場合は、まず「一発で通る社内資料を作りたい人」なら、「資料作成のコツやノウハウがある」という資源を使えば、

● <u>時間をかけない社内資料の作り方を教えられる</u>。

ということになるし、
「マニュアル化、フォーマット化が得意」ということを活かせば、

● <u>社内資料をマニュアル化して、社内で統一できる</u>。

とかかなぁ？

いいですね！ そんな感じです。もう１つのターゲットである「社内に気軽に相談できる相手がいない人」だとどうでしょう？

異業種の人に気軽に何かを相談する機会って、仕事のつながりがなければないと思うんです。だから、１時間とか２時間とか、時間制で相談できるコンサルみたいなものがあったらいいのかなと思います。コンサルタントの人に契約するほどでもないけど、ちょっと相談したい、そういうことって割とある気がするので。本業のコンサルタント相手なら、そういう短時間のコンサルを受けたら、その後に年間契約とかを勧めてこられそうな気がして、気軽に受けられない人も多いと思うんです。でも、副業でやるとなると、年間契約を取るための短時間コンサルじゃなくて、短時間がメインでやるのもいいかなと。

異業種の人が気軽に相談できるスポットコンサルをする、ですね。いいですね。

☑ 動詞を変えると、できることが広がる

たとえば、資料マニュアルを「作る」とすると、Ａさんが作ることになりますが、「資料のマニュアル化を教える」とすれば、Ａさんは教える人になります。つまり、「１対多」が可能になるわけです。<u>自分の時間と体を使って仕事をするのには限界があります。だから、「やり方を教える」という方法にすれば、仕事は広がります</u>。

　私も、コピーライターとして、「広告を作る」「キャッチコピーを

書く」ということを仕事にしてきましたが、独立後、「キャッチコピーの書き方を教える」という方向にシフトしました。それまでは、コピーライターになりたい人向けの講座はあっても、商売を自分でやっている人向けの講座があまりなかった。そこにニーズがあったのです。SNSで誰もが発信できる時代になり、起業する人が増えたという時代のタイミングも良かったのだと思います。

「教える」の他にも、「サポートする」「広める」「プロデュースする」「支援する」など、動詞を変えることでできることが広がり、働き方のスタイルを変えることができます。

☑ それをすることで、相手はどんな効果を感じるか？

次に❷です。それをすることで、相手はどんな効果を感じるかを考えます。それをすることで、相手にどんな変化を与えることができるかです。これを「メリット」と呼んでいます。メリットとは、「得、利点」という意味です。

たとえばダイエットなら、「専属トレーナーが結果が出るまで導く」「3カ月でマイナス10キロが可能」「無理な食事制限ではなく、正しい食事の習慣が身につく」などが、メリットです。メリットは、相手に約束できることです。

たとえば、メリットは、

- 社内資料が今までの半分の時間で作れるようになる
- 資料作成に使っていた時間で、他の仕事ができるようになる

とか、そういうことでしょうか。

はい、そんな感じで思いついたことを書いていけば OK です。次のターゲット「社内に気軽に相談できる相手がいない」のメリットは何でしょうか？

パッと思いついたのが、

● 他業界の視点からのアドバイスが手に入る

ってことですかね。あとは、僕が広告業界の営業をしているということを資源とすれば、

● 広告や広報の戦略の立て方がわからなかったのが、わかるようになる

というのも、中小企業の経営者や、スタートアップの人なんかには役立ちそうな気がします。

確かに。僕も広告や広報というのが大切なことは知っていますが、まず何からしていいのかもわからない。メディアに取り上げられるコツとかがあるなら知りたいなぁ。そういうセミナーなんかに行くこともありますが、なんか、事例がうちの店とは違いすぎると、自分ごとに落とし込むのが難しかったりするんですよね。

そうなれば、Aさんの資源である「人の話をまず聞く」という姿勢や、ヒーローインタビュー（P.53）で出てきた「相手が何を知りたいかがすべて」という考え方も資源になりますね。

☑ 浮かんだキーワードが「自分の核」になる

Aさん　なるほど。1つ1つのワークの時に無理にまとめようとしなくても、書き出したことをもとにさらに書いていくことで、いつの間にか絞られていくのが不思議ですね。「まとめようとしない」というのはこういうことなんですね。

Bさん　私は、「コンプレックスを克服したこと」で、自分が夫の転勤で全く知らない街に引っ越してきて孤独だったことを思い出したので、やっぱりそういう孤独感を感じている人に何かを伝える活動をしていきたいと改めて思いました。じゃあ何ができるかというと、

● 赤ちゃん連れで気軽に集まれる場所をつくる

ということかなぁ。あと、子どもを連れて集まる場所だと、「自己紹介してください」と言われても、主語が自分じゃなくて子どもなんですよね。子どもの名前を言って、何カ月です、とか。「自己」は私なのに、ってなんかモヤモヤしていて。だから、「私が主役でいられる場」を作りたいなというキーワードが浮かびました。

さわらぎ　いいですね！ そうやって、自分にとってピンとくるフレーズやワードが浮かんで来たら、忘れないようにメモしておいてください。ワークをしていくうちに、これが自分の「核」だな、というのが見えてくるはずです。

☑ 今すぐできるかで判断しない

Cさん　「今できるかどうかは気にしなくていい」と言われましたが、できないことを書いてもしょうがないのでは？

さわらぎ　今すぐできないけどやりたいことなら、「どうやればできるか」を考えればいいだけです。**今ある自分の資源だけでは難しいと思えば、誰かの力を借りる方法を考えればいい**。ここまでワークをやって今書いていることは、「私はこれがやりたい」という単なる自分の夢や願いではなくて、「相手のニーズに応えること」であるはずです。そこにニーズがあり、自分もやりたいならば、それは、これから自分がやっていくこととして「アリ」でしょう。

Cさん　私は、フリーランスとしての地位を上げたいというか、単価の決まっている仕事を型通りに受けてやるのではなく、自分の強みを打ち出していきたいと思っていたんですけど、自分の資源を書き出してみると、今までやってきた飲食店のホームページ制作や、店の取材、それから自分の食べ歩きの趣味なんかも活かして、今ある口コミサイトとは違うガチなグルメばかりが集まるサイト作りとか、飲食店の集客支援とか、そういう方向がやりたいのかなあという気がしてきました。ブロガーではなくて、デザイナーだからできることがあるんじゃないかなと。

さわらぎ　みなさん、色々見えてきましたね。**あれもできそう、これもいいな、という感じでとにかく今は書き出していきましょう。こんなの無理、本当にできるかな？　というブレーキは、今はナシです**。風呂敷を広げていく感じで、気軽に書いていけばOKです。

☑ 幸せな未来のシーンを描けばイメージが広がる

さわらぎ
　最後が❸の「ベネフィット」です。ベネフィットとは「利益・満足」というような意味です。メリット（効果）によって得られる未来のこと。それをすることで、どんな未来が手に入るかを考えて書いていきましょう。メリットが機能的な価値や効果であるのに対して、ベネフィットはそれによって得られる心理的な満足感です。メリットによってどんな未来が手に入るのか、そのシーンを描くのがポイントです。

　たとえばダイエットなら、痩せることでどんな未来が手に入るか。
「夏までにノースリーブが似合う体になる」
「自信がついて営業成績が上がるかも」
「理想のボディで理想の彼氏に出会える予感」

　というようなことです。これは、相手に必ず約束できることではなくても大丈夫。こうなれたらいいなと読み手の想像が広がるように書くのがポイントです。

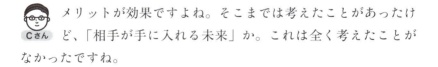
Cさん
　メリットが効果ですよね。そこまでは考えたことがあったけど、「相手が手に入れる未来」か。これは全く考えたことがなかったですね。

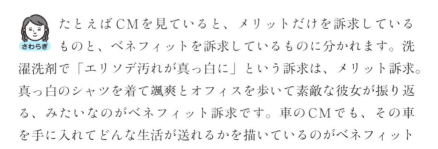
さわらぎ
　たとえばCMを見ていると、メリットだけを訴求しているものと、ベネフィットを訴求しているものに分かれます。洗濯洗剤で「エリソデ汚れが真っ白に」という訴求は、メリット訴求。真っ白のシャツを着て颯爽とオフィスを歩いて素敵な彼女が振り返る、みたいなのがベネフィット訴求です。車のCMでも、その車を手に入れてどんな生活が送れるかを描いているのがベネフィット

訴求です。「3列シートで家族がゆったり乗れる」とか「荷物がいっぱい積める」と伝えるのではなく、それによってどんな生活が待っているか。子どもたちと大自然の中で遊んでいるシーンを見せる方が、「この車を買うと、こんな生活が送れるのか」というイメージが広がります。

Bさん　確かに、この商品はこんなところがスゴいんです！っていきなり言われるよりも、「これを買えば、私こんな風になれるんだ」と思う方が、興味が持てますね。自分が興味のあることや、自分がなりたい人物像を見せられると気になります。

さわらぎ　そこが大事なところですね。あくまでもターゲットが興味のあることを言う必要があります。たとえば、**モテるために痩せたい人に「体脂肪が減って、病気のリスクが減ります」と言ってもピンとこない。相手が言ってほしいことを言ってあげるのが基本**です。

> **❶ 相手のために何ができるか**
> Aさん　・時間をかけない社内資料の作り方を教えられる
> ・資料をマニュアル化して、社内で統一できる
> ・男性と女性の違いを活かしたプレゼンや資料作成ができる
> ・異業種の人が気軽に相談できるスポットコンサルをする
>
> **❷ 相手が感じる効果は何か（＝メリット）**
> ・時間をかけずに社内資料を作れるようになる
> ・資料作成にかけていた時間で他の仕事ができるようになる
> ・他業界の視点からのアドバイスが手に入る

・広告や広報の戦略の立て方がわかるようになる
・広告的視点で、商品の売り方のアドバイスが受けられる
・女性が多い職場で男性管理職がどうふるまえばいいかわかる

❸ **相手が得られる未来は何か（＝ベネフィット）**
・社内的に残業が減り、社員の満足度が上がる
・新しいプロジェクトの立ち上げなど、新規事業に時間を使える
・プレゼンの勝率が上がる
・予算をかけずに自社商品の広告・PRができる

Bさん

❶ **相手のために何ができるか**
・趣味を仕事にして小さく稼ぐママをサポートする
・ブログ代行、SNS発信支援、資料作成
・総務の手伝い、スケジュール管理、アタマと部屋の整理
・赤ちゃん連れで気軽に集まれる場所をつくる

❷ **相手が感じる効果は何か（＝メリット）**
・子どもが小さくても、ひとりの人として学べる場が持てる
・全部自分でしなきゃというプレッシャーから抜け出せる
・誰に頼んでいいかわからないことをいつでも聞ける
・パソコンやスマホに向かう時間が減る
・子どもが小さくても、スキルを活かして働けるようになる
・子育てのちょっと先輩からアドバイスがもらえる

❸ **相手が得られる未来は何か（＝ベネフィット）**
・忙しくても自分の時間が持てて充実した毎日

- 子どもに「後で」「あっち行って」と言わなくなる
- 子ども優先しながら、好きなことで輝ける
- 子育ての不安がなく、新たな出会いを楽しめる
- 夫の転勤に振り回されず、楽しく生活できるようになる
- 初めての土地でも、親子で楽しく過ごせるようになる

Cさん

❶ **相手のために何ができるか**
- 本当のグルメばかりが集まるサイト作り
- 飲食店の集客支援

❷ **相手が感じる効果は何か（＝メリット）**
- ネット上の「口コミサイト」に左右されずに集客できる
- イメージに合った店舗ロゴやチラシやDMや名刺やパッケージなども統一で作れる
- ホームページやチラシの制作を業者に頼んでもうまくいかなかったのが、イメージ通りにできるようになる
- 事前連絡なしの予約キャンセルにすぐに対処できる
- お金をかけずに良い人材を確保できるようになる

❸ **相手が得られる未来は何か（＝ベネフィット）**
- 美味しいのに流行っていない飲食店が話題の店に変わる
- 自分のお店の良さをアピールするのが苦手な店が、ホームページを作ることで売れるようになる
- 長くお客様に愛され続ける店になる
- お店の理念やポリシーに共感する人材が応募してくれるので、いいスタッフに恵まれ、いつも活気のある店になる

Dさん

❶ 相手のために何ができるか
・カッコいい女性になる髪型の提案
・ゴム1本でできるアレンジを教えられる
・年齢とともに気になる髪のボリュームが魅力に変わる髪型の提案
・加齢の悩みがなくなるヘアスタイルの提案
・海外のトレンドを伝えられる

❷ 相手が感じる効果は何か（＝メリット）
・なりたい自分に髪型で近づける
・忙しくてもパッと髪型が決まる
・加齢の悩みが魅力に変わる
・トレンドを自分に落とし込めるようになる
・オンとオフで違う髪型が楽しめる

❸ 相手が得られる未来は何か（＝ベネフィット）
・飾らずに本来の自分の魅力を見せられるようになる
・女友達に「何やってるの？」と羨ましそうに聞かれる
・年齢を理由にファッションや行動をあきらめなくなる
・街で男性から声がかかる
・若いファッションが楽しめる
・娘と姉妹に間違えられる
・似合う似合わないより、「好き」を大切にできる

Step 5

「自分のコンセプト」を決める

☑「ターゲット」+「ベネフィット」でコンセプトができる

さわらぎ

　自分の伝えたいことを相手が知りたいことに変換できました。ではいよいよ、「自分を売り出す1行」を作っていきます。これまでのワークで書き出した「ターゲット」と「ベネフィット」を使って「自分を売り出す1行」の基本形を作ります。

　これを、私は「自分のコンセプト」と呼んでいます。コンセプトとは、辞書で引くと「概念」と出てきます。ビジネスでよく使われる言葉ですが、「全体を貫く考え方」と捉えればいいでしょう。**自分がどこへ向かっていくのか、自分の方向性を決める言葉**です。

　このコンセプトをもとに、最終的には自分のキャッチコピーを作ります。このコンセプトが、「自分を売り出す1行」の基本形になります。

「自分を売り出す1行」の基本形（コンセプト） ＝ ターゲット ＋ ベネフィット

　　どんな人を　どんな姿に変える自分か

　　どんな人に　どんな変化を起こす自分か

　　どんな人の　どんな願いを叶える自分か

ターゲットとベネフィットは、下記にある言葉に当てはめていくと考えやすいです。このすべてに当てはめていくという意味ではなく、どれか使いやすい言葉にはめていくといいでしょう。もちろん、この言葉以外の表現で書いても構いません。

・ターゲット
　〜が不安な人
　〜で悩んでいる人
　〜が苦手な人
　いつも〜してしまう人
　〜に困っている人
　〜したい人
　〜になりたい人

・ベネフィット
　〜できるようになる
　〜が達成できる
　〜を感じられる
　〜な気持ちになる
　〜になれる
　〜を得られる
　〜な状態になる

☑ 選択肢を広げて、実験する

Aさん　ターゲットがいくつもある場合は、それぞれについて書くんですか？

そうです。今まで書き出したワークをもとに、ターゲットが数パターンある場合は、それぞれについて「コンセプト」を作りましょう。

　この時点では、選択肢を無理に狭めず、広げておくことが大事です。選択肢を広げて、実験していく。身近な人にテストマーケティングをするなど、実験的にやってみて、上手くいくこと、本当に自分が続けたいと思うことを自分のコンセプトに決めると良いでしょう。実際に始めてみることで、それまで認識していなかった顧客ニーズも見えてきます。

 確かに。今ここで決めてもやってみないと分からない部分はありますね。選択肢をしぼらず、これもできる、こっちの方向性もあると思えると気持ちに余裕が持てる気がします。

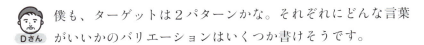

私は、もうだいぶん絞れてきた気がします。

僕も、ターゲットは2パターンかな。それぞれにどんな言葉がいいかのバリエーションはいくつか書けそうです。

「こういう人をこんな風に変える自分です」というのが、言いきれないというか、これからそうなりたいとは思っているけど、現状の自分でそれを言っちゃっていいのか、という迷いはあります。今から始めることだし、まだそこまでの自信がないというか。

☑「自分を売り出す1行」は、宣言にもなり、覚悟にもなる

今できることを書くのではなく「こうなりたい」という宣言で構いません。「自分を表す1行」は、相手に自分を知ってもらうという意味もありますが、もう一つは、「自分が進んでいく指針になる」という大きな意味もあるのです。

「こうなりたい」という願望というよりも、「自分はこうなっていく」という宣言ですね。それを言葉にすることで、自分自身にぶれない軸が生まれますし、思考も行動も変わっていくはずです。漠然と「こんな風になりたいな〜」と思っているだけでは、願いは叶いません。きちんと言語化し、それを人に宣言することで自分を変えていくしかないのです。

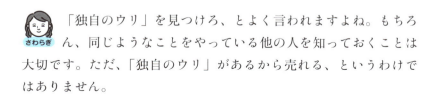
なるほど。これからがスタートの私にとっては、「自分を売り出す1行」は宣言であり、覚悟になるんですね。

☑「差別化」の落とし穴

起業でも副業でも、「USP（ユニーク・セリング・プロポジション）が大事」とよく聞きます。「自分だけの独自のウリ」を見つけろ、とよく言われていますが、それは見つけなくても大丈夫なんでしょうか？

「独自のウリ」を見つけろ、とよく言われますよね。もちろん、同じようなことをやっている他の人を知っておくことは大切です。ただ、「独自のウリ」があるから売れる、というわけではありません。

人は、「他と違うからそれが欲しくなる」のではなく「それが自分にとってよさそうだから」「それで自分が変われると思うから」欲しくなるのです。

　独自のウリを追求するあまり、変な方向に走ってしまうこともよくあります。たとえば、料理教室をするとして、「時短料理はよくあるから、私は逆に１品に２時間かかる料理を教えよう」と思っても、それを知りたい人は少ないでしょう。他との差別化を図るために、価格を安くしたり、営業時間を長くしたりすることで却って自分の首を絞めている人も少なくないのです。

　確かに、差別化ばかり考えると、ニッチな方向に走ってしまいそうですね。世の中にないもの、誰もやっていないものをやろう、と思い過ぎていたかもしれません。

　今、世の中にないということは、そこにニーズがない、という可能性も高いのです。大切なのは、あくまでも「自分はどんな人の役に立ちたいか」「どんな悩みやフラストレーション（不安・不満・不便）を解決したいか」をしっかりと決めることです。そして、では「なぜ既存の商品・サービスではそれを解決できていないのか？」「ライバル商品では解決できないフラストレーションは何か？」を考える。
「ライバルがいない」のではなく「ライバルに真似できない」または「ライバルがまだやっていない」、「ライバルよりも優れているところ」が自分のウリになるのです。

☑ 同業他社だけが、ライバルではない

 そもそもライバルの定義ですが、ライバルとは「同業他社」「同業者」だけではありません。

 僕のライバルは、美容師だけではない。

 そうです。ライバルは、「ターゲットが、その悩みや願望を今までどこで解決したり達成したりしてきたか」で決めます。たとえば、Dさんの場合、
・似合う髪がわからず悩んでいる女性
・年齢を理由にあきらめがちな女性
が、今までその悩みをどうやって解決しようとしてきたか、「どこにお金や時間をかけてきたか」を考えます。

 髪型のことで言うと、美容院以外だったら……。雑誌を見たり、インスタとか？

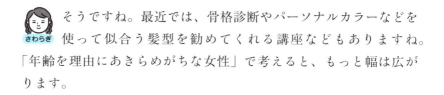

そういえばお客様の中に、パーソナルスタイリストと言って個人のファッションアドバイスやお買い物同行サービスをされている方がおられます。そういうサービスも、ライバルということですね。

そうです。ポイントは、「**すでにライバルにお金や時間を払っている人が自分の見込み客（ターゲット）になる**」ということです。そのことに必要性を感じて、すでにお金や時間をかけている人が、一番自分のコンテンツを買ってくれる可能性が高いのです。

〈コンセプト〉

- 資料作りに追われている人を、本来の仕事に集中できるようにする
- 社外に相談相手がいない人が、予算をかけずに自社商品のPRをできるようになる

- 子どもが小さくて自由がない人が、「私が主役でいられる場」を持てる
- ママ起業家が、スマホ・パソコンの時間を減らして家庭優先で働ける
- 自分に自信が持てないママが、好きなことで輝ける

- 美味しいのに流行っていない店が、話題の店に変わる
- ネットの情報に翻弄されている店が、長くお客様に愛される店になる

- 似合う髪がわからず悩んでいる女性が、「好き」を大切にできるようになる
- 年齢を理由にあきらめがちな女性が、街で男性から声がかかるようになる
- かわいいよりカッコいいが好きな人が、飾らない魅力で勝負できるようになる

確かに1行だけど、長い気がします。

これは、「自分を売り出す1行」のベースとなるものです。ここから、もっと刺さる言葉に変えていく方法があります。それが、「自分を売り出すキャッチコピー」です。今作った「コンセプト」は、このまま置いておいて、キャッチコピーとセットで使う場合は、最後にブラッシュアップしていきましょう。

　この時点では、「うまく表現しよう」としなくていいので、素直な言葉で書いてOKです。多少長くなっても、最終的に調整すれば良いので、「ターゲット＋ベネフィット」になっていて、意味が通じれば大丈夫です。上手く表現しようとするよりも、「何を書くか」という内容を重視してください。

Step 6

思考を広げるための
「5つの質問」
をする

☑「これが言いたかった!」は質問から生まれる

　さあ、では今作ったコンセプトをもとに、さらに思考を深めていきます。今書いたフレーズは、まだまだ表層的なもの。ここから掘り下げていくことで、「これが言いたかった!」という言葉を掘り当てることができます。
私の講座では、会話の中で「それが言いたかったんです!」「こう言えば伝わるんですね!」という発見がよくあります。

　それは、質問をしているから。私が講座で使う質問は、たった5つだけ。この5つの質問を自分で自分にできるようになれば、今よりももっと伝わる言葉が書けるようになります。

❶なぜ?(理由)	コンセプト	❷どうやって?(方法)
❸それでどうなるの?(結果)	❹例えば?(シーン)	❺その時なんて言う?(セリフ)

　中央の上の段に、STEP5で作ったコンセプトを書きます。それをもとに、自分で自分に5つの質問をしていきます。

☑ 人は「なぜ？」に動かされる

　１つ目の質問は、❶「なぜ？」です。「なぜ、それをするの？」「なんのためにするの？」と自分に質問していきます。「なぜ？」は、質問の基本です。「なぜ？を５回繰り返すと物事の本質に近づく」とよく言われています。

　TED（Technology・Entertainment・Design をテーマにした短時間のプレゼンテーション）の動画が1700万回再生されたことで話題のコンサルタント、サイモン・シネックは、「人は"なぜ"に動かされる」というゴールデンサークル理論を提唱しています。

ゴールデンサークル理論

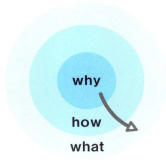

「**why**」なぜそうするのか（信念、目的、何のためするのか）
「**how**」どうやるのか（商品やサービスの説明、方法、理論）
「**what**」何をするのか（商品、サービス）

サイモン・シネックは、Appleコンピュータの成功は、ゴールデンサークル理論で説明できると述べています。

普通、人は誰かに何かを伝えようとすると、円の外側から説明を始めます。つまり what ➡ how ➡ why という順番になります。

What「我々は素晴らしいコンピュータを作りました」
How 「美しいデザインで簡単に使え、親しみやすい製品です。ひとつ、いかがですか？」

これでは、欲しくなりません。「で？」「だから何？」と思われて終わりです。Appleは、円の内側から説明をします。つまり why ➡ how ➡ what という順番です。

Why 「我々には世界を変えるという信念があります。異なる考え方に価値があると信じています」
How 「私たちが世界を変える手段は、美しくデザインされ、簡単に使え、親しみやすい製品です」
What「こうして素晴らしいコンピュータが出来上がりました」

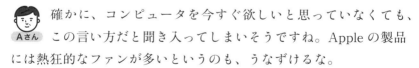確かに、コンピュータを今すぐ欲しいと思っていなくても、この言い方だと聞き入ってしまいそうですね。Appleの製品には熱狂的なファンが多いというのも、うなずけるな。

商品やサービスはあくまでも手段なんですね。

私たちが何をやるかも、あくまでも手段で、なぜそれをやるかが大事、ということですね。

たとえば、もっと身近な例に落とし込むと、私が弁護士で法律事務所を開設したとします。ホームページやSNS、お知らせハガキなどに載せる案内文を書くとすると、一般的にはこう書くでしょう。

> 　新しく法律事務所を開設しました。
> 　選りすぐりの弁護士ばかりが揃っています。大手クライアントを多数抱えています。私たちは、クライアントさまの悩みに親身に対応し、最も良い結果を出すために、努力を惜しみません。

　それを、「なぜ」から始めるだけで、印象は大きく変わります。

> 　「弁護士に相談する」というハードルを下げたい。
> 　7人に1人が貧困だといわれる今の日本で、誰に相談したらいいかわからずに困っている人を救いたい。そんな思いで生まれた、新しい法律事務所です。どんな小さなことでも、気軽に相談してください。

　上の文章が書かれたハガキがポストに来たら、すぐ捨てるけど、下の文だとちょっと読んでみようかなと思いますね。それに何だか、人柄が伝わってくる気がします。

　上の文は、自分ってこんなにすごいんだぜっていう、ただの自慢ですね。でも私たちが自分のことを誰かに伝えようと思うと、こういう「自慢系」か、変にへりくだって何が言いたいかわからないか、どちらかになりそうです。

相手はあなたの自分語りが聞きたいわけではありません。自分のことをよく見せようと思うから自慢になる。相手が知りたいのは、その商品・サービスの特徴でも他社との差別化ポイントでもない。シンプルに「なぜ、この仕事をしているか」「なぜ、このサービスを始めたのか」「この活動をやる意義」という想いやミッションの部分を伝えればいいのです。

　「なぜから始める」だけで、グッと引き付ける文章になります。これは、スピーチもそうだし、仕事の指示を出すときなんかも同じです。Aさんの場合、コンセプトは、「資料作りに追われている人を、本来の仕事に集中できるようにする」です。なぜ、それをするのですか？　なぜ、それをしたいと思ったのですか？

　　　なぜしたいと思ったか？　えーっと、得意だから？　とかじゃないですよね。相手が喜んでくれるから？

　　　最初に思いつくのは、たぶん皆さんそんな感じですよね。その仕事を始めたきっかけとか、その活動をやろうと思ったきっかけとか。それは「自分ごとの理由」です。それももちろん書いてOKですが、その先に、社会に対して、こんな風にしていきたいという決意があればなおGOODです。

　たとえば、こういう人が増えれば社会は良くなる、とか、こういう人を増やしていきたい、こんな時代になればいい、こんな未来を作りたい、みたいなことですね。

　　　それでいうと、時間に追われずに余裕のある人が増えてほしい、仕事100％ではなく家族を大切にできる人を増やしたい、家族の時間を作りたいけど激務に追われている人を救いたい、とかかなぁ。

なんだか、最後の1つが、自分の実感に近い気がしますね。

家族との時間を作りたいけど、激務に追われている人を救いたい、ですね。いいですね。素直な気持ちにグッときます。このように、**パッと思いつかなくても、自分で自分と会話していくように、色々話していくと言葉が出てきます**。ひとりでやって行き詰ってしまう時は、ぜひ周りの人に質問をしてもらってくださいね。

☑「どうやって、それをするのか？」でアイデアを現実化させる

2つ目の質問は、❷「どうやって？」です。方法ですね。その変化をどうやって起こすかです。

あれがしたい、これがしたいと言っても、方法が思いつかないことは実現できません。どうやってやるかの方法を具体的に書いていきましょう。方法がいくつかある時は、箇条書きで書き出していけばOKです。

Aさんは、「資料作りに追われている人を、本来の仕事に集中できるようにする」ための方法はどんなことがありますか？

社内資料をマニュアル化して社員がいつでもアクセスできるようにする、ってことですが、あとなんだろう。社外のプレゼンなら、クライアントの特徴を共有するフォーマットを作るとか、スライド作りのノウハウ、数字やグラフで説得力を出す方法とかかなあ。作ったスライドの添削なんかも面白そうだな。

いい感じです。そうやって、考えているうちに、どんどんこれもできそう、あれもできそうとアイデアが浮かんできます。アイデアをとにかく書き留めて、選択肢を広げておきましょう。繰り返しになりますが、思いついたことはすべて書き、書いたことは消さないでくださいね。今すぐに実現が難しいことでも、後からそのチャンスが来ることもあれば、小さなアイデアのかけらが、何かと結びついてビッグアイデアになることだってあります。

☑「それによって、どんな変化が起きる？」を繰り返す

次は、❸「それでどうなるの？＝結果」です。「その結果、何が起きるの？」「それによってどんな変化が得られるの？」と自分に質問していきましょう。

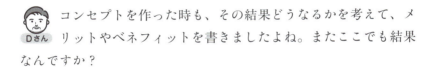
コンセプトを作った時も、その結果どうなるかを考えて、メリットやベネフィットを書きましたよね。またここでも結果なんですか？

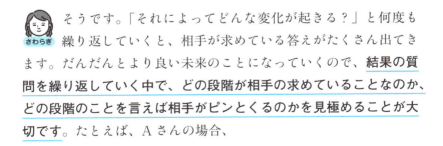
そうです。「それによってどんな変化が起きる？」と何度も繰り返していくと、相手が求めている答えがたくさん出てきます。だんだんとより良い未来のことになっていくので、結果の質問を繰り返していく中で、どの段階が相手の求めていることなのか、どの段階のことを言えば相手がピンとくるのかを見極めることが大切です。たとえば、Aさんの場合、

●資料作りに追われている人を、本来の仕事に集中できるようにする

それによって、どんな変化が起きる？
——社内的に残業が減り、社員の満足度が上がる

それによって、どんな変化が起きる？
——早く帰れるようになり家族と過ごす時間が増えたり、趣味に使える時間が生まれる

それによって、どんな変化が起きる？
——新しいアイデアが生まれたり、企画の切り口を思いついたり、これまでにないクリエイティブな仕事ができるようになる

　みたいな感じです。最後の答えが一番良いというのではなくて、どの段階の答えが相手が求めているものかを選ぶということです。別の答えからスタートさせると、また違うアプローチになります。

● 資料作りに追われている人を、本来の仕事に集中できるようにする

それによって、どんな変化が起きる？
——資料作成に使っていた時間が、お客様に向き合う時間になる

それによって、どんな変化が起きる？
——これまでよりも、きめ細やかなサービスやフォローができるようになる

それによって、どんな変化が起きる？
——お客様に信頼されて、いろいろなことを相談してもらえるようになる

Aさん 家族との時間が増えて創造的な仕事ができる、自分から進んで仕事に取り組む姿勢が生まれる、みたいなことが私が伝えていきたいことに近い気がしますね。実際、周りには妻から「家のことをもっとやって」と言われても、物理的に無理とあきらめている男も多いですしね。子どもが生まれてから趣味の時間なんて夢のまた夢……と僕自身も思っていましたし。個人にアプローチするなら、この辺がアリかなと思います。

さわらぎ 「それによって、どんな変化が起きる？」という質問を繰り返し、出てきた答えをすべて書き出していくことで、見えてきますね。何度も言いますが、アタマで考えるだけだと、同じところをグルグルするだけなので、書き出してくださいね。STEP 1～5でやってきたワークで書き出したことも、すべて参考になります。それを見ながらやっていきましょう。

☑️「たとえば？」シーンを描くから、読み手がイメージできる

さわらぎ ❹は「例えば？＝シーン」です。「それが達成できたら、どんな景色が見える？」ということを具体的に書いていきます。人は、「ここに行けば、これをやれば、自分はこんな風になれるんだ！」と頭の中でイメージができるから、そのことに興味を持つのです。だから、相手の頭の中にイメージがブワッと広がるように書くのがポイントです。

そのためには、「シーン」を描くこと。まるで自分がそこにいるかのように相手が感じるように書くのです。「ターゲットが理想を叶えたときの状態」を可視化するのです。

たとえばこんな感じです。
・どこにいますか？
・そこから何が見えますか？
・どんなことをしていますか？
・誰かがそばにいますか？　いるとしたら誰ですか？
・どんな気分ですか？
・聞こえる音やにおい、感触はどんなものがありますか？

先ほどの「結果」で書いた状態から考えるということでしょうか？　それともコンセプトから考えた方がいいですか？

どちらでもいいです。考えやすい方で考えてみましょう。この **5つの質問は、1から順にやっていくのがポイントで、前の質問で出てきた答えから発想できることもある**と思います。Aさんの場合は、先ほど「家族との時間が増えて創造的な仕事ができる」「自分から進んで仕事に取り組む姿勢が生まれる」をピックアップしたので、それで考えてみましょう。

「家族との時間が増えて創造的な仕事ができる」の具体的なシーンか……。定時の5時半に退社し、書店に寄って好きな本を買ってから、デパートの地下で材料を買い、家に帰って、家族にご飯を作っている。子どもがパパすごいね！　と言って、妻もなんだか尊敬のまなざしで自分を見ている……。料理をしている途中に、次のプレゼンのヒントを思いついて、スマホにメモ。家族が寝静まった後、ゆっくりホットワインかなんかを飲みながら、企画のネタを考えてワクワクしている……みたいな感じかな。

めちゃめちゃ具体的でいいですね！ なにかのCMのようです。今話したことをそのままメモしておいてください。

Aさんは、自分の実感に近いから考えやすい気がしますが、僕の場合ターゲットが女性で、自分がこうなりたいというのではないので、そこまで具体的に考えるのは難しいな。

とにかくリサーチですね。ターゲットに近い人が、どんなことを思っているか、何を求めて、どんな自分になりたいと思っているのか。そこを知ることからしか始まりません。Dさんの場合は、お店に来るお客様もそうですし、たとえば電車の中やカフェなんかでも、ターゲットっぽい人達がどんな会話をしているのか、何に興味があって、どんなことに不満や不安を感じているのか、アンテナを張っておくことが大事です。

　雑誌も参考になります。今、雑誌を読む人は減ってきているかもしれませんが、女性誌は細かくターゲットわけがされていて、「自分のターゲットは雑誌でいうと何だろう？」と考えるだけでもヒントになります。ファッションのページの後ろにある「読み物ページ」を見ていくと、そのターゲットが何に関心があり、何に悩んでいるかがよくわかります。

女性誌なら店で毎月取っているから見てみます。自分のターゲットが雑誌でいうとどれかなんて、考えたこともなかったな。

電車やカフェはネタの宝庫。リサーチし放題です。スマホに夢中になっているなんてもったいないです。

☑ セリフ化すると、一気に共感度アップ

 最後の質問は、❺「その時なんて言う？＝セリフ」です。ターゲットが言いそうなセリフを書いていきます。セリフには２種類あって、その問題が解決する前の状態でターゲットが言いそうなこと（不安・不満・不便に対するセリフ）と、問題が解決した後の喜びのセリフです。これも、あくまでも「ターゲットが本当に言ってそうなことをそのまま」書くのがポイントです。

　質問に、口に出して答えるのがコツです。頭の中だけで考えると、どうしても「書き言葉」になってしまい、「そんなヤツおらんやろ？」というリアリティのないセリフになってしまいます。

　Ａさんは「資料作りに追われている人を、本来の仕事に集中できるようにする」というコンセプトですが、悩んでいた時にターゲットの人は何て言いそうですか？

「資料作りに時間がかかる」とかですか？

 同僚や後輩に、愚痴をこぼすなら何て言ってそうでしょう？

　「こんなに時間をかけて作ったこの資料、意味あるん？」「今日も資料作りで１日が終わった」「俺の仕事は、資料作りか！」みたいな感じでしょうか。そう言えば、部下が前、「営業のプロになりたかったのに、資料作りで脱落しそう」って言っていましたね。

 リアルですね〜。そういう言葉を拾っていく感じです。
　「営業のプロになる前に、資料作りで脱落しそう」とか、も

うそれ、キャッチコピーです。次に、理想の状態を手に入れた後の喜びのセリフはどうでしょう？

「資料作りがないと、仕事は楽しい」「パソコンに向き合う時間が減った」とかかなぁ。

パソコンに向き合う時間が、何の時間に変わりますか？

お客様の顔を見る時間とか？　家族と過ごす時間とか？

パソコンに向き合う時間が、家族に向き合う時間に変わる。というのはキャッチーですね。セリフにするとどうでしょう？「俺、一日中パソコンに向かって何してたんだろう？」とかでしょうか。

「パソコンよりも向き合わなきゃいけないものがあった！」

おぉ～！　なんか、カッコいいですね。いい感じです。そんな感じで、自由な発想で書いていってOKです。ポイントは、あくまでもそのターゲットの人が本当に言いそうなセリフを書くことです。書き言葉じゃなく、話し言葉です。作られた言葉じゃなく、「ナマのセリフ」だから、「あ、これ私のことだ」「なんで、オレの気持ちがこんなにわかるの？」と見た人が思うのです。考えているうちに、だんだん書き言葉というか作られた言葉になりがちなので、書き出したセリフに「そんな人、本当にいる？」「こんなこと、リアルに言うか？」とツッコミを入れながらやってみましょう。

Aさん

❶なぜ?（理由）	コンセプト	❷どうやって?（方法）
・時間に追われずに余裕のある人が増えてほしいから ・仕事100％ではなく、家族を大切にできる人を増やしたい ・家族の時間を増やしたいのに激務に追われている人を救いたい	資料作りに追われている人を、本来の仕事に集中できるようにする	・社内資料をマニュアル化して社員がいつでもアクセスできるようにする ・クライアントの特徴を共有するフォーマットを作る ・スライド作りのノウハウ、数字やグラフで説得力を出す方法 ・作ったスライドの添削
❸それでどうなるの？（結果）	❹例えば?（シーン）	❺その時なんて言う?（セリフ）
・社内的に残業が減り、社員の満足度が上がる ・早く帰れるようになり家族と過ごす時間が増えたり、趣味に使える時間が生まれる ・新しいアイデアが生まれたり、企画の切り口を思いついたり、これまでにないクリエイティブな仕事ができるようになる	・定時の5時半に退社し、書店に寄って好きな本を買ってから、デパートの地下で材料を買い、家に帰って、家族にご飯を作っている。子どもがパパすごいね！と言って、妻もなんだか尊敬のまなざしで自分を見ている ・料理をしている途中に、次のプレゼンのヒントを思いついて、スマホにメモ。家族が寝静まった後、ゆっくりホットワインかなんかを飲みながら、企画のネタを考えてワクワクしている	「こんなに時間をかけて作ったこの資料、意味あるん？」 「今日も資料作りで1日が終わった」 「俺の仕事は、資料作りか！」 「営業のプロになる前に、資料作りで脱落しそう」 「パソコンよりも向き合わなきゃいけないものがあった！」

Step 6 思考を広げるための「5つの質問」をする

Bさん

❶なぜ?（理由）	コンセプト	❷どうやって?（方法）
・自分もそれで悩んできたから ・ママが元気で笑顔でいることが家族にとっても幸せだと思うから ・「女性活躍」とか言われてもピンとこないし、何から始めていいかわからない人が多いから ・スキルや能力があるのにあきらめている人が多いから ・家庭と仕事を両立したいと思って起業したのに、子どもや夫との関係が悪くなる人をたくさん見てきたから	子どもが小さくて自由がない人が、「私が主役でいられる場」を持てる	・交流会を開く ・子連れ可能なセミナーを開催する ・企業に対してママたちがプレゼンする場をつくる ・スマホやパソコンに向かう時間が多くて、子どもと向き合えないママ起業家の事務やパソコンサポート

❸それでどうなるの?（結果）	❹例えば?（シーン）	❺その時なんて言う?（セリフ）
・子どもにとっても自分にとってもかけがえのない時間を持てる ・後ろめたさを感じずに仕事ができる ・自分の可能性にワクワクする ・子どもに「待って」「あっちに行って」と言わなくなる	・子どもが学校から帰ってきたら笑顔で「おかえり」と言える ・週末は夫と二人でモーニング ・子どもをそばで見守りながら仕事やセミナーをしている ・働く母の背中を見せる	「今忙しいから無理」 「邪魔！あっち行って」 「みんながやっているから」 「私、これがやりたかったんだ」 「ママみたいになりたい」（娘の声）

Cさん

❶なぜ？（理由）	コンセプト	❷どうやって？（方法）
・お店の良さをアピールするのが苦手な飲食店が多いから ・一流の料理人には、店の宣伝より味の追求に力を注いでほしいから ・ネット上の口コミは、当てにならないから	美味しいのに流行っていない店が、話題の店に変わる	・飲食店の集客支援 ・デザイン思考でブランディング ・キー商品を作る ・ロゴ、ブランドコンセプトを作る ・ホームページやDM制作 ・広告戦略を立てる ・ネットと実店舗で横丁を作る

❸それでどうなるの？（結果）	❹例えば？（シーン）	❺その時なんて言う？（セリフ）
・「美味しいのに売れない」が「美味しいからちゃんと売れる」に変わる ・長くお客様に愛され続ける店になる ・口コミに惑わされず、店の魅力を発信できるようになる	・老舗の大将も若手のシェフも、不安なく飲食店が経営でき、本来の仕事であるメニュー開発や味の追求に全力投球している	「なんで、あっちの店が流行るんだ」 「朝から晩まで働いても、大した売り上げにならない」 「集客に気を取られず、仕事に集中したい」 「うちに来られるのは、いいお客様ばかり」

Dさん

❶なぜ？（理由）	コンセプト	❷どうやって？（方法）
・10年前より、若くて美しい女性は増えたのに、自分に自信のない人が多いから ・メイクを変えるより、髪型を変える方が印象が変わるから ・自分が一番きれいだった時の髪型やメイクで止まっている人が多いから	年齢を理由にあきらめがちな女性が、「好き」を大切にできるようになる	・髪のこと以外のライフスタイルや仕事、好きなことなどを丁寧にヒアリングする ・どんな髪型も無理と言わず、似合わせる方法を提案する ・ボリュームがなくなってきた髪をカットでふんわりさせる

❸それでどうなるの？（結果）	❹例えば？（シーン）	❺その時なんて言う？（セリフ）
・着る服が変わる ・年下の男性に声をかけられる ・シンプルな服が素敵に見える ・年を取るほどに冒険できる	・同級生の中で一番若く見られて嬉しい ・娘と姉妹に間違えられた ・自分が好きかどうかですべて判断できる ・潔い生き方 ・年を取るほどに楽しそう	「もう年だから」 「好きだけど、私には似合わない」 「周りが見たら、なんていうか」 ⬇ 「今が一番カッコいい私」

Step 7

「自分を売り出すキャッチコピー」
を
作ろう

Step
7

☑ 質問の答えをもとに、キャッチコピーを作ろう

さあ、ではいよいよラストです。「思考を広げる5つの質問」をすることで出てきたキーワードを使って、STEP5で決めたコンセプトを、よりキャッチーな言葉に変えていきましょう。

❶変化を言う（コンセプトをさらに端的な言葉にすると？）
例：負け癖社員を、勝てる社員に。

❷必要な理由を言う（【理由】で書いたことをそのままコピーにする）
例：自分の足で立てる女性起業家を増やしたい。
例：考える力は、朝食で育つ。
※「〜から」という形で書いて「〜から」を取る

❸【セリフ】をそのままコピーにする（つぶやき、宣言、提案）
例：私、このまま終わっていくのかな。（ターゲットのつぶやき）
例：48歳、キレイをあきらめない。（ターゲットの言葉で宣言する）
例：成功よりも幸福に生きよう。(自分から相手への提案)

❹【セリフ】＋【方法】「（セリフ）」を（方法）する、「（セリフ）」を（方法）で作る
例：「これ、食べたい！」をデザインする。
例：「自分ばっかりソンしてる」を会話でなくす

❺【結果】＋【方法】（結果）を（方法）で作る、（結果）を（方法）で実現する
例：稼げる男をダイエットでつくる。

例：料理で「家族を幸せにする人」を増やしたい。

❻【シーン】をそのまま書く

例：いつもより早くできたのに、いつもより褒められた。

例：手ごわいあの人が、笑顔でOKをくれた。

❼【メリット】になれば、【結果】になる

例：バストに自信が持てれば、人生がアガる。

❽否定形で意思を伝える（これまでの常識や業界の当り前を変える）

例：「チームワーク」とは、仲良く働くことではない。

例：手帳にスケジュールは書くな。

❾ネーミング（名前を付ける、たとえを探す、「○○は××である」 と自分なりの定義

例：「こころの体幹」を整えよう。（名前を付ける）

例：ネットショッピングとは「遊園地」である。（自分なりの新し い定義）

　❶は、「変化を言う」です。これは、キャッチコピーの定番です。何度も言っていますが、人が知りたいのは「あなたが何をしているか」ではなく「自分にとってどういいか」「それで自分がどうなるか」です。相手が知りたい「自分がどうなる？」の部分を、ビフォーアフターのカタチで伝えるのがこのパターンです。

　コンセプトで作った「こういう人が、こんな風に変わる」をさらに端的な言葉に変えていきましょう。「○○が□□に」「○○を□□に」「○○から□□へ」という形に当てはめると作りやすいでしょう。

Aさんのコンセプトは「資料作りに追われている人を、本来の仕事に集中できるようにする」ですね。

これを、さらに端的な言葉にすると、どうなるでしょう？

えーっと、「負け癖社員を、勝てる社員に。」みたいな感じにするってことですよね？

- **時間がない人を、集中できる人へ**

とかかな？

おぉ！ いいですね。ひとつコピーができました。他に、書き方はないでしょうか？ STEP6の表や、これまでに書き出したワークシートを全部広げて、そこに書いた言葉を拾ってくる感じで考えると言葉が出やすいです。

- **激務の時間を、家族の時間へ。**
- **時間に追われる人を、余裕のある人へ。**

とか、どうでしょう。

どれもいい感じです！ 今言ったことをすべて書き出してくださいね。

Bさんのコンセプトは、「子どもが小さくて自由がない人が『自分が主役でいられる場』を持てる」ですね。ビフォーアフターのカタチにすると、どうなるでしょう？

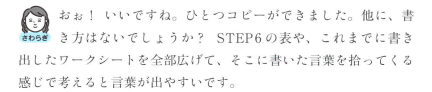うーん、
- **子どもが主役が、私が主役に。**

とかでしょうか。いや、こんなこと言っていいのかな？ なんか誤

解されそうな気もします。母親なのに、自分のことばっかりしていいのか、とか言われないかな。

　今はアイデアをポンポン出していく時間です。思いついたことを全部紙に書いていけばOK。最終的にどのコピーを使うかは、最後に決めましょう。

「こんなこと言っていいのかな？」と思考を止めるより、とにかく書く。自分が書いた言葉がヒントになって、次の言葉が生まれてくることもよくあります。

- **子どもが主役が、私が主役に**。

が少しわかりにくいのは、「が」ばかりが続いていて、どこが主語かわかりにくいからです。

- **子どもが主役を、私が主役に変える**。

の方が伝わりやすいかな？

- **「子どもが主役」を「私が主役」に**。

というように「」を使うのもいいでしょう。「」は、セリフ以外にも強調したいところに自由に使ってOKです。

❷は、必要な理由をコピーにする、です。【理由】の欄に書いたことを、そのままコピーにするイメージです。人は「なぜ？」に動かされるというゴールデンサークル理論（P.125）を覚えているでしょうか。キャッチコピーでも、「なぜ？」の部分を伝えることで、興味を引くことができます。

今の時代は、品質が良くて安いものが溢れています。商品やサービスの機能や価格で勝負するのは、もう難しいのです。たとえば、ハンドメイドの鞄を売っているとして、機能やデザインだけで差別化を図るのは難しい。価格の安さで勝負しようとすると、ドツボにはまる。じゃあどうするか。

どんな人が、どんな思いでそれを作っているか。そこに込めたメッセージは何か。それをしっかり「ストーリー」として伝えることで、その思いに共感する人が買ってくれるようになるわけです。価格競争に巻き込まれないためには、そうして自分をブランド化することが必要です。じゃあ、どうやって自分をブランド化するかというと、「なぜ、それをやっているか」「なぜ、自分が今、この仕事（活動）をやっているか」をしっかりと言語化することです。

　この「なぜ？」という質問から出てくる「理由」の部分をキャッチコピーにすると、とても強いメッセージになります。商品やサービス、お店や会社だけでなくて、今やっている「自分を売り出すキャッチコピー」も同じです。

　なぜ、今、自分がこれをやっているのか。誰にどんなメッセージを伝えたいのか。そこをしっかり言葉にして伝えていきましょう。

　Aさんは、【理由】の部分に、
・時間に追われずに、余裕のある人が増えてほしいから。
・仕事100％ではなく、家族を大切にできる人を増やしたい。
・家族の時間を作りたいけど、激務に追われている人を救いたい。
　と書かれていましたが、一番伝えたいのはどれですか？

●**家族の時間を作りたいけど、激務に追われている人を救いたい**。
ですね。これをこのままコピーにする感じでしょうか？

そうですね！これはこのままコピーにしてOKです。
●**家族の時間を作りたいけど、激務に追われている人を救いたい**。
　でもいいし、

●**家族の時間を作りたいけど、激務に追われている人を救いたいか**
ら。
と「から」をつけたコピーにしてもいいですね。使命感を感じるコ
ピーになります。

❸は、【セリフ】をコピーにする方法です。3つのパターンがあ
ります。一つ目は、「つぶやき」をコピーにする。
「私、このまま終わっていくのかな。」のように困っていたときの
セリフや、解決してハッピーになったときのセリフをそのままコ
ピーにするのです。

2つ目は、「48歳、キレイをあきらめない」のように、お客様の
言葉で宣言するパターンです。「〜したい」「〜になりたい」「〜
だったらいいのに」というように、お客様の意思を書けばOKです。

3つ目のパターンは、「成功よりも幸福に生きよう」のように、
こちらから相手への提案という形でのセリフです。これも、お客様
のアフター（理想の状態を手に入れた後のセリフ）から考えるとい
いでしょう。

Aさんは、セリフのところに、
「こんなに時間をかけて作ったこの資料、意味あるん？」
「今日も資料作りで1日が終わった」
「俺の仕事は、資料作りか！」
「営業のプロになる前に、資料作りで脱落しそう」と書いていました。
●**こんなに時間をかけて作ったこの資料、意味あるん？**

はちょっと長いから、短くしましょう。
取っても意味が伝わる言葉は、消します。
「こんなに」はなくてもいい、「作った」も取ってもいいですね。
「この資料」の「この」は要るかなぁ？　なくても伝わりますが、
単に「資料」とするより「この資料」の方が思い入れがあるという

か、自分が作った「この」資料！ というニュアンスになるので、あった方がいいですね。
- **時間をかけたこの資料、意味あるん？**

　これでスッキリしましたね。あとの3つは、このまま使えそうです。「理想の状態を手に入れた後のセリフ」は、「資料作りがないと、仕事は楽しい」「パソコンに向き合う時間が減った」「パソコンよりも向き合わなきゃいけないものがあった！」
- **パソコンよりも向き合わなきゃいけないものがあった！**

　これも短くできそうです。
- **パソコンより向き合うべきものがあった！**

　ちょっとしたことですが、こうすると強くなります。

　言葉を強くするためには、少しでも短くするという意識が大切です。

　セリフをコピーにすると、親近感がわくというか、自分のことだと思いやすいというのはよくわかります。でもこれをこのまま名刺に書いたりするってことですよね？

　このまま書いたら、誰のセリフかわからないというか、ただの私のつぶやきのように見えてしまう気がします。

　そうですね。「キャッチコピーですべてを言わなくていい」とお伝えしましたが、キャッチコピーだけで伝わりにくいときは、「サブコピー」をつければOKです。

　キャッチコピーとサブコピーのセットで1つにするのです。サブコピーは、コンセプトで作った言葉を整理すればできます。後でその作り方は説明しますので、ここではあくまでも「キャッチーなコピーを作る」という意識で行きましょう。

私の場合は、マイナスの状態でのセリフが
Bさん
「私は、ママだからこうするべき」「主人に聞いてみます」「みんながやっているから」って書いたんですけど、これ、このままコピーにはならないですよね？

そのセリフだけでキャッチコピーにするのが難しい場合はセリフに言葉を足していきましょう。たとえば、
さわらぎ

- 「ママだからこうするべき」からの卒業。

みたいな感じです。卒業、というのがよくある感じで嫌なら、

- 「ママだからこうするべき」をポイと捨てた。

とかでもいいですね。

- 「ママだからこうするべき」って誰が決めたの？

Bさん
でもいいですか？ 周りの目を意識しすぎて、結局自分自身で枠を作っているというか、自分でこうするべきと思い込んでいる人が多いような気がしていて。

いいですね！ Bさんの思いが伝わるコピーになりましたね。そこに後でサブコピーをつければいいので、とりあえず今は、思いつくまま書き出してみましょう。
さわらぎ

❹は【セリフ＋方法】です。
「これ、食べたい！」をデザインする。というように、セリフに方法で書いたことを足し算します。1文の中に、伝えたいことがギュッと入り、わかりやすいコピーになります。
「セリフ」を（方法）する、「セリフ」を（方法）で実現する、「セリフ」を（方法）でつくる、「セリフ」を（方法）でなくす、
　などのパターンに当てはめると書きやすいです。

Ａさんの場合、【方法】に書いたことは、

・社内資料をマニュアル化して社員がいつでもアクセスできるように

・クライアントの特徴を共有するフォーマットを作る

・スライド作りのノウハウ、

・数字やグラフで説得力を出す方法

・スライドの添削

　これをこのままコピーにするのは長いですが、とりあえず、公式に当てはめてみましょう。

● 「資料作りがないと、仕事は楽しい」を社内資料をマニュアル化して社員がいつでもアクセスできるようにすることで実現する。

　単純に足し算すると、こうなりますね。これを整理していきます。先ほどやったように、無くても意味が伝わる言葉を消していきます。

● 「資料作りがないと、仕事は楽しい」を社内資料をマニュアル化して社員がいつでもアクセスできるようにすることで実現する。

「社内資料を」の部分は、「資料作り」という言葉が先に出てきているので、消せます。「社内」を強調したければ、セリフの部分を「社内資料作りがないと」とすればOKですが、そこまで社内にこだわる必要がなければ、社内という言葉を使わなくていいでしょう。「社員がいつでもアクセスできる」は、マニュアル化によってどういいかという部分なので、ゴッソリ削ってしまってもいいでしょう。

● 「資料作りがないと、仕事は楽しい」をマニュアル化で実現する。

　ずいぶんスッキリしました。これだけでは、言葉足らずな感じがすれば、「サブコピー」で補っていけばOKです。

　繰り返しになりますが、キャッチコピーだけですべてを伝えよう

としてはいけません。キャッチコピーは、少し言葉足らずなぐらいでOK。相手が「え？ それ、どういうこと？」と食いついてきてくれるぐらいの「余白」を作っておくことが大切です。

Aさん　なんでも1行に詰め込もうとするから、長くなったり、説明臭くなったりするんですね。

Dさん　全部言わなくてもいい、と割り切れば、ラクに書けそうです。

さわらぎ　Cさんの場合は、単純に足し算すると、
● <u>「なんで、あっちの店が流行るんだ」を飲食店の集客支援でなくす</u>。

となります。このままでもいいですが、「飲食店」は取ってもいいかな？ 集客支援をするのは飲食店のみ！ というこだわりがあるなら、そこはサブコピーに入れるとして、キャッチコピーは、少しでも短くする方が伝わりやすいですね。

「～をなくす」の部分を言い換えてみます。

● <u>「なんで、あっちの店が流行るんだ」を集客支援で解決する</u>。

「解決する」の方が、頼りがいがありそうです。他にも、「解消する」「答えを出す」なども使えます。

Cさん　● <u>「なんで、あっちの店が流行るんだ」に集客支援で答えを出す</u>。

なんか、ちょっとわかりにくいというか、回りくどい言い方な気がします。

そうですね。この場合は、答えを出すよりも、「解決する」と言い切った方がしっくりきますね。

　次の5は、セリフではなくて、【結果】と【方法】をつなげるパターンです。これもまずは、【結果】と【方法】に書いたことを単純に足し算してみましょう。

　Aさんの場合、【結果】で書き出したことは
・社内的に残業が減り、社員の満足度が上がる
・早く帰れるようになり家族と過ごす時間が増えたり、趣味に使える時間が生まれる
・新しいアイデアが生まれたり、企画の切り口を思いついたり、これまでにないクリエイティブな仕事ができるようになる

このままだと長いので、文章をそのまま足し算するのではなく、単語を拾って足し算してみましょう。
●社員満足度を、資料のマニュアル化で上げる。
　というような感じです。

●家族と過ごす時間は、資料をマニュアル化することで生まれる。
●クリエイティブな仕事は、資料のマニュアル化で生まれる。

いいですね！
●家族と過ごす時間は、資料をマニュアル化することで生まれる。
　こうすれば、短くなります。なくしても意味が通じる言葉は取る、が基本。一度書いてみて、削っていくといいでしょう。
「資料のマニュアル化」以外で作ったらどうなりますか？

●家族との時間を生み出す資料作成術。

おぉ！　いいですね。他にはどうでしょう？

●社員満足度は数字やグラフで説得力を出すことで生まれる。
なんか、長くて、わかりにくいですね。

「数字やグラフで説得力を上げる」を言い換えるとどうなりますか？

図表化とか、図解チャートとか。フレームワークとかもそうかな？
●社員満足度は、フレームワークで生まれる。

前後を入れ替えた方がわかりやすいかも？
●フレームワークで、社員満足度を上げる。

　こうやって、単語を組み替えたり、前後を入れ替えたりして、とにかく思いつくままに書き出してみてください。そうして、書いたものを見て、「なくても意味が通じる言葉」を取ったり、もっと伝わる言葉がないかな？　と探したりしていきます。

私は、フレームワークという言葉がよくわからないのですが、誰でもわかる言葉でなくてもいいのですか？

基本的には、「ターゲットに伝わる言葉」であればOKです。よく「専門用語を使うな」と言われますが、「誰に伝えるか」によって変わります。専門家に対して言うときは、専門用語の方が

伝わりやすい。変に簡単な言葉に言い換えると、意味が変わってしまうこともあるからです。Aさんの場合、ターゲットは「資料作りに追われているビジネスマン」やその上司、という設定。その人たちが、「フレームワーク」という言葉にピンと来るならOKです。

● <u>ボリュームがなくなってきた髪をふんわりさせることで、着る服が変わる</u>。
● <u>どんな髪型もムリと言わず似合う髪型を提案することで、年を取るほどに冒険できる</u>。
● <u>丁寧なヒアリングで、シンプルな服もドレスも似合うようになる。</u>
　うーん、なんか、説明っぽいですよね。長いし。

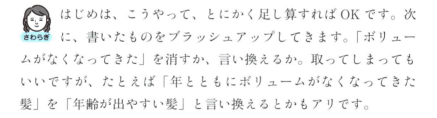

エイジングヘアという言い方もありますね。なるほど。いきなり短いコピーを書くなんてムリって思っていたけれど、いったん書き出してから、ブラッシュアップするという方法ならできそうです。

「年を取るほどに冒険できる」を言い換えるとどうなりますか？

大人の冒険、とかどうですか？

いいですね！
- **大人の冒険は、丁寧なヒアリングで生まれる。**

それだと、ヘアスタイルのことだとわからないですけど、いいんでしょうか？

いいですよ！ キャッチコピーですべてを言わなくて OK。補足するためのサブコピーを作ればいいのです。

キャッチコピーを作るポイント

　はじめは、「5つの質問」で出てきた単語や文を、公式に当てはめて「足し算」する。
長い、説明っぽい、わかりにくいと思ったら、
・「なくても意味の伝わる言葉」を取る、
・他の言葉で言い換えられないか探す、
・前後を入れ替えてみる

　次は、❻【シーンをそのまま書く】という方法です。ターゲットの願いが達成された後の「幸せなシーン」をそのまま書くパターンです。ポイントは、読んだときに「絵や映像が思い浮かぶように書く」ことです。
　たとえば、Aさんは「平日の夜に料理をして、妻と子どもに尊敬の目で見られている」と書いていましたね。それをコピーにするとしたら、
- **平日の夜、料理。妻と子から尊敬のまなざし。**

みたいな感じです。先ほどから何度も繰り返しているように、いらない部分を削って、少しでも短くすることで、同じ内容を書いて

いても言葉は強くなります。

　これで、たとえば男性の写真が一緒にあったりするとわかりやすいですが、言葉だけでも伝わるようにするには、
●平日の夜、パパ料理。妻と子から尊敬のまなざし。
の方がわかりやすいかもしれません。

●定時退社で、趣味の時間が生まれる。
　というのもシーンでしょうか。

いいですね！　さらに共感度を上げるには、
●定時に会社を出た。趣味の時間が戻ってきた。
というように、説明するのではなく状況をそのまま書く方が臨場感が出ます。

●営業時間を減らしても、売上は上がり続けている。
　これって、このままコピーになりますか？

いいですね。もっと言葉を削れば、伝わるスピードを上げることができます。

●営業時間を減らしても、売上が上がる秘訣。
　とすれば、「何だろう？」と興味がわきますし、
●営業時間を減らせば、売上が上がる。
　とすれば、逆説的になり、「え？何で？」という驚きを感じるコピーになります。

　❼は、【メリット】になれば、【結果】になる、というように、メリットと結果を足し算します。

Aさん　●**一発OKの社内資料が作れれば、仕事はクリエイティブになる**。

うーん、なんかわかりにくいかな。

さわらぎ　わかりにくいと感じたら、前半か後半のどちらかを少し変えてみましょう。

●**資料作成スピードが上がれば、仕事はクリエイティブになる。**

こうすると、イメージしやすくなりますね。

❽は、否定形で意思を伝える方法です。自分の思いや大切にしていることを強調するために、それまでの常識や、世間一般の思い込みを否定するのです。たとえば、「『チームワーク』とは、仲良く働くことではない。」のようにこれまでの常識をズバッと否定することで、自分は違うんだというインパクトを与えます。自分の業界や職業に関して、「みんなそう思っているけど、実は違うんだよな」と感じることはありませんか？

たとえば私なら、「キャッチコピーってセンスでしょ？」とか「言葉が降ってくるんでしょ？」とか言われますが、センスではなくて法則です。

だから、「キャッチコピーは、センスではない。法則だ。」というコピーが作れます。「キャッチコピーに語彙力はいらない。」とかも、インパクトが出ますね。

Bさん　私は妊娠して会社を辞めたので、ずっと子どもがいることは仕事のハンデというか、弱みだと思っていたのですが、今は「主婦やママの視点」を求められたり、子育てと仕事で忙しいワーキングマザーだからこその時間管理ができたりと、子育てをしていることが、むしろ強みになる時代だと思っています。

それを、この方程式に当てはめたら、どうなるでしょう？

● <u>子育ては仕事のハンデではない。強みだ。</u>

いいですね！　強い意志が感じられるし、今後Bさんが何をしていくにしても、この言葉が軸になりそうですね。

それでいうと僕も、「年齢を言い訳にしない」というか、髪型にしてもファッションにしても、ある程度年を重ねた方が、逆に面白くなるような気がしています。若いときって、「自分には何が似合うか」を探してさまよいがちだけど、年を取ると、自分は自分、という開き直りが出る。それがいい方に出れば個性だし、悪い方に出ると「あきらめ」になっちゃうというか。
「年齢を言い訳にしない」とか「年を取るほどに美しく」とかは、化粧品とかでもよくあるし、どう言ったらいいんだろう。

確かに、年齢とともに髪型に制限をかけちゃうことはある気がしますね。ボリュームがなくなったり、白髪とかいろいろ気になることも増えますし。若い頃に似合った髪型をずっと引きずっている人もいる気がします。

「ターゲットを年齢で区切る必要はない」と言いましたが、キャッチコピーにあえて年齢を書くのはアリです。たとえば、
● <u>45歳から、髪型は「似合う」より「好き」で選んでいい。</u>
● <u>38歳から、美人は顔立ちよりも、髪で決まる。</u>
　みたいな感じです。
「40歳」とか「40代」とするよりも、45歳とか38歳とか、「何で

その歳なの？」と思わせる方が、注目されます。

「好きで選ぼう」と言われるよりも、「選んでいい」と言われた方が、グッときますね。あー、私も好きで選んでいいんだーと思う。女性って割とみんな「自分に何が似合うか」に縛られがちだと思うんで。

最後の❾は、ネーミングです。
　自分のやっていることに名前を付けたり、「○○は××である」というように新しい定義をつけたりします。たとえば、Aさんの資料作成法に名前を付けるとしたら？

　○○式、みたいなことでもいいですし、「意外な言葉を組み合わせる」という方法もあります。

　よくあるのが、「スフレ肌」みたいに、「ふわふわですべすべ」なことをスイーツに例える、というように「何かに例える」方法。「駅前留学NOVA」のように、「駅前でネイティブに教えてもらえる。それって、もう留学みたいなものじゃん」という感じで「それってもう○○だ」という発想で考えるのもアリです。
「スフレ」と「肌」、「駅前」と「留学」のように、組み合わせたときに少し違和感がある言葉を組み合わせるのがコツです。ジャンルが近いものを組み合わせると、当たり前になってしまいます。

●「**スピード資料作成術**」
　とかだと当たり前ですよね。

「スピード」から連想する言葉を、思いつくままに上げてみましょう。スピードと言えば？

スピードカー、短距離走、秒速、ストップウォッチ、速度、走る……。

スタート、スタートダッシュ、盗塁、フライング……。

時短、5分……。

意外性のある言葉の組み合わせと考えると
● **秒速資料作成術**

● **フライング資料作成術**

　などは使えそうですね。ライバルよりも先に出して成功する「フライング資料作成術」。使えそうです。

僕は、今までずっと考えていて「再生」という言葉が浮かびました。キレイを復活させるというか、年を取ってもずっとキレイでいたいし、できればいつでもキレイを更新していきたい。理想はいくつになっても今が一番美しいという状態ですが、それはまぁ理想で。お客様の多くは、「もう一度キレイになりたい」「子育てや仕事や家事や介護で忙しいけど、もう一度自分に手をかけたい」と思っている人なので、「再生」を使いたいですね。

「再生」と何かの言葉を組み合わせてみましょう。

美しい髪の再生、うーん、髪が美しくなると、表情とか、顔立ちとかも変わるってことを伝えたいんですよね。
● <u>美しさの再生、美人の再生</u>……。

●**美人再生**、というのはいいですね！ 美人再生ヘアサロン、美人再生ヘアスタイリストというように店のキャッチコピーにも、ご自分の肩書きにも使えそうです。

私は、子どもに邪魔って言ってしまう起業ママが、時間と心の余裕を取り戻すための活動がしたいので、何となく、クリニックとか病院とかそういう言葉が浮かんだんですけど……、でもなんか大げさというか。もうちょっと手軽な傷の手当って感じかなぁ。

家でもできるような、簡単な傷の手当と言えば何でしょう？

消毒とか？ ばんそうこうとか……。

ばんそうこう！ いいですね。起業ママのばんそうこう。
●**起業ママのばんそうこう**
というネーミングにして、やることが「コーチング」と「SNSや事務サポート」と「セミナールーム運営」という3つがあるという見せ方にすればつながりますね。
ネーミングのもう1つのパターンとして、「○○は××である」というように、自分で新たな定義を作るのも方法です。

●**口コミは、敵にも味方にもなる。**
飲食店に取材に行くと、「ネットの口コミ」に対する愚痴を聞くことが多いです。でもうまく使えば、集客ツールになる。

Step 7 「自分を売り出すキャッチコピー」を作ろう

「口コミ」とすると、リアルな口コミも含まれるので、「まあ、確かに敵にも味方にもなるよな」という感じでスルーされてしまいそうです。

● <u>ネットの口コミは、敵にも味方にもなる</u>。

とすれば、わかりやすいですね。

☑ 書き出したコピーは、
　A4の紙に1枚1案書いて並べてみる

今まで書き出したキャッチコピーを、並べてみましょう。1枚の紙の中に、たくさんのコピーが書いてある状態では、どれがいいかを選ぶのは難しいです。**<u>1枚の紙に1案書いてみることで、実際にそのコピーを見た人がどんな風に見るかがわかります。</u>**

　A4の白い紙を用意して、横向きにし、1枚に1案コピーを書いて、大きめのテーブルや床に並べるか、壁に貼るなどして全体が見渡せるように並べます。

〈Aさんが書き出したキャッチコピー〉

家族の時間を
つくりたいのに
仕事に追われている
人を救いたい

家族と仕事の
板挟みを救え

今日も資料作りで
1日が終わった

時間をかけたこの
資料意味あるん？

パソコンより
向き合うものが
あった！

平日の夜、料理。
妻と子から尊敬の
まなざし

社員満足度は
フレームワークから
生まれる

社員満足度を資料の
マニュアル化で
上げる

「資料作りがない
と仕事は楽しい」
をマニュアル化で
実現する

定時に会社を出た。
趣味の時間が
戻ってきた

資料作成スピード
が上がれば仕事は
クリエイティブに
なる

フライング
資料作成術

秒速
資料作成術

　私はコピーライターになってからずっと、この方法でキャッチコピーを選んできました。紙を並べて、少し離れたところから見ることで、客観的に見ることができ、また1つ1つのコピーを比べてみることもできます。

　こうして並べてみると、いろんなタイプのコピーが混ざっていることがわかります。

それぞれのコピーを組み合わせて使うこともできます。

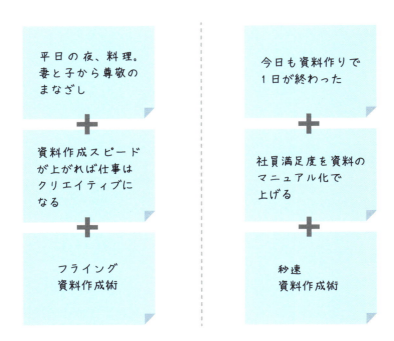

1番上が「キャッチコピー」2枚目が「サブコピー」3枚目が「商品・サービス名」という感じです。

サブコピーをつけなくても、「キャッチコピー」と「商品・サービス名」だけで伝わる場合もあります。

家族の時間を
つくりたいのに
仕事に追われている
人を救いたい

秒速
資料作成術

☑ サブコピーの作り方

サブコピーは、キャッチコピーを補足するためのものです。キャッチーな言葉にする必要はなく、「わかりやすい説明コピー」と思ってOKです。キャッチコピーとして書いたものが、説明っぽいなと思ったら、それをサブコピーにしても良いでしょう。

 ターゲット ＋ ベネフィット の足し算で作った「コンセプト」をベースに考えていきます。

〈サブコピーの基本形〉

 ターゲット ＋ ベネフィット ＋ 肩書き・サービス名

長い場合は、言葉を削ったり、キャッチコピーとの組み合わせで

重複している言葉を整理したりしてブラッシュアップしていきます。ターゲットを省いても伝わる場合は、ベネフィットだけでもOKです。

　さらにそこに、**なぜ自分がそれをできるのかという裏付け、根拠**になる言葉を入れると、強いコピーになります。本のタイトルによくある、「スタンフォードで学んだ」や「ベテラン新聞記者が教える」のようなフレーズです。「この人が言うなら」という期待感・安心感を読者に与えます。特にすごい実績や知名度が必要なわけではなく、**「この人が言っているなら、間違いない」と相手が納得できればいいのです。**

例：時給900円から3ヵ月で月収350万円

　のように「なんかすごい」「自分にもできそう」と思わせるのもアリです。たとえば、Aさんなら

20年の広告営業経験から生まれた　1分で伝わる資料作成スキル

　のように、業界20年ということを「実績」として打ち出せばいいでしょう。自分では大したことないと思いがちですが、他業界の人からすれば、20年間広告業界にいるというのは大きな強みです。

　ただし、テーマが資料作成スキルだから広告業界の実績が生きるのであって、全く関係のない分野での実績や経験は、信頼性を高めるフレーズとしては使えないので注意しましょう。

例：20年の広告営業経験から生まれた　作り置き弁当のコツ　（←なんで？）

例：テレビで有名なコメンテーターが教える　ダイエットの法則（←関係ないやん）

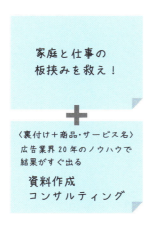 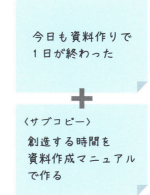

　キャッチコピーとサブコピーを組み合わせて、言葉がかぶっていたり、意味が重なる言葉があったりする場合は、調整します。意味が伝わる範囲で、できるだけ短い文にするのがコツです。

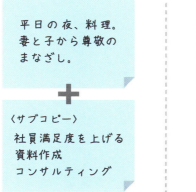 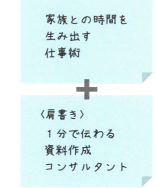

　サブコピーに、自分の肩書きを作って入れるのもアリです。

☑ 言葉の完成度を上げる

「自分を売り出す1行」を最後にブラッシュアップするときのチェックポイントです。

1．読みにくい、聞き取りにくい言葉はないか
2．削ってもいい言葉はないか、別の言葉に言い換えられないか
3．相手のベネフィット（相手にとってどういいか）を表現しているか
4．ターゲットが「自分に関係ある」と思う言葉になっているか
5．ありきたりな言葉になっていないか

「ありきたりな言葉」で注意したいのが、「そのジャンルの人がよく使いそうな言葉」です。何となくその業界でよく使われている言葉をそのまま使っていたら、隣の人と同じです。

たとえば、コーチングやカウンセリングをしている人が使いがちな、「ありのままの自分」「自己肯定感を上げる」「自分らしく生きる」。子育てママが対象なら「子どもにイライラする」「ママになっても自分らしく」「○○ちゃんママだけじゃいや」とかよくありますね。体のメンテナンス系の仕事をしている人がよく使う「こころとからだにやさしい」「去年の服が入らない」「いつまでもキレイで若々しく」など、どこかで聞いたことのあるフレーズをそのまま使わない。

書き出した言葉が、<u>どこかで聞いたような言葉になった場合は、STEP6の「思考を深める5つの質問」</u>をしてみましょう。真ん中に、そのよくあるフレーズを入れて、それをもとに5つの質問をする。そこで出てきた言葉が、よくある言葉ではなく、あなただけの、

あなたの中から出てきた、本物の言葉です。

　キャッチコピーやネーミングは、世に出す前に、どこかに同じものがないか、著作権を侵害していないかチェックします。簡単な方法としてはGoogleで検索したり、特許庁の簡易検索などで自分でも調べられます。

☑ キャッチコピーの選び方

　サブコピーが必要な場合は、キャッチコピーと組み合わせてA4の紙に書き出してみましょう。そして、候補のものをまた机に並べてみます。キャッチコピーとサブコピーを組み合わせて、言葉のかぶりはないか、内容に一貫性があるかをチェックします。

　こうしてできたキャッチコピー（必要であればサブコピーを含む）が「自分を売り出す1行」です。自分でいいと思っているものと、他の人がいいと思うものが違うこともよくあります。いくつか候補ある場合は、人に見せて意見を聞くのがよいでしょう。私は、キャッチコピーを作った時は、3種類の人に意見を聞くようにしています。

1．ターゲットに近い人
2．自分のことをよく知っている人（お客様やメンター、家族など）
3．自分のことをほぼ知らない人（交流会で会う初対面の人など）

　私は、自分の講座に参加してくれた人が集まるコミュニティを持っています。100名以上がいるそのコミュニティでは、それぞれが作ったキャッチコピーやタイトルなどを「どれがいいと思いますか？」と意見交換をしています。お互いに、相手のことをよく知ら

ない関係性の中で、「この言葉はイメージが伝わりやすい」「この言葉は、意味がよくわからない」などの声が聞ける貴重な場になっています。

　皆さんもぜひ、自分のことをよく知る人だけでなく、自分の活動や思いを知らない人に「自分を売り出す1行」を見てもらい、率直な意見を聞いてみてください。そのときの「これはわかりにくい」という反応は、まさにあなたの「自分を売り出す1行」を初めて見た人の印象です。「ふーん」という感じでは、相手に刺さる言葉になっていないのかもしれません。「面白そう」「これってどういうこと？」と反応が返ってくるようなら、それはネット上でも反響がある言葉である可能性が高いでしょう。

☑ オリジナルの肩書きは、付けた方がいい？

　「自分の強みがひと目でわかる肩書きをつけたい」という声をよく聞きます。私が10年前、会社を辞めてフリーランスになったとき、最初に驚いたのは、「いろんな肩書きの人がいるんもんだなあ」ということでした。会社員をしているときには出会わなかった、様々な肩書きの人がネット上にあふれていました。リアルで起業家や個人事業主が集まる場に行っても、聞いたことのないような肩書きが書かれた名刺をたくさんもらったものです。
「肩書きをつけるのは自由だから」「つけたもん勝ちだから」という声を聞いて、確かにそうだけど……、と腑に落ちない気持ちになったことを覚えています。

　今思うとそれは、「うさんくさいな」という気持ちだったのかもしれません。名乗ったもの勝ちとばかりに、よくわからないキラキラ肩書きがあふれていたのです。その肩書きを書いた名刺を持って、

「上場企業の社長と名刺交換できるのかな？」と思ったものです。

時代は変わり、今度は「一つの肩書きに自分を押し込むことがもったいない」と感じるようになりました。

☑ その肩書きは、自分の可能性を 限定していないか？

たとえば、「個人事業主専門メンタルコーチ」と自分に肩書きをつけたとします。今までなら、「ターゲットをしぼることで自分の強みが強調されてよい」と考えられていたかもしれません。でも、「個人事業主専門」としぼることで、それ以外の人が相談できないのは、見込み客を失っているだけではないでしょうか。**大切なのは、「個人事業主専門」というように「ジャンルを制限する」ことではなく、「なぜ、個人事業主のためなのか？」を言葉にして伝えることです。**

以前講座に来てくださった方に、「40代のシングルマザー専門カウンセラー」と名乗っている方がおられました。40代のシングルマザー専門と言われれば、30歳のシングルマザーも、45歳で夫がいる人も「自分は対象外だ」と思ってしまいます。「では、なぜ、40代のシングルマザー向けにカウンセリングをしたいのですか？」と聞くと、「自分もそうだったんですが、子どもが思春期になると、子育ての新たな悩みが出てきたり、子どもの将来を考えるとお金が不安になったりして、ひとりでは抱えきれない悩みが多くなるからです。」との答え。じゃあ、それを言葉にすればいいのです。

● 思春期の子育ては、一人じゃ抱えきれないから。
カウンセリングルーム　○○代表　カウンセラー　鈴木花子

「○○専門カウンセラー」と肩書きをつけることで、かえって自分の見込み客を狭めてしまっていると気づき、「自分を売り出す1行」と屋号、職業名、名前というシンプルな形で自分の仕事を表すようにしました。シングルでなくても、実質ひとりで子育てをしているような状況の方はたくさんいます。今は夫婦一緒に暮らしていても、子どもの手が離れたら離婚を……と思っている人だっているでしょう。「40代」「シングルマザー」というジャンル分けをしなくても、ターゲットが抱えている「悩み（言葉にできていない思いも含む）」や「理想（こうなりたいという思い）」をしっかり言語化したコンセプトをつくり、それを「自分を売り出す1行」にすれば、自分を限定する肩書きをつけるよりも、はるかに伝わるのです。

☑ 「モテクリエーター」と 「ビジョンライフクリエーター」の違い

さわらぎ　「モテるために生きている！」というキャッチコピーで、「モテクリエーター」という肩書きを名乗る「ゆうこす（菅本裕子）」さん。SNSを乗りこなし、10代・20代に熱烈なファンを持つインフルエンサーです。

彼女の肩書きである「モテクリエーター」。この肩書きが、なぜいいか。それは、この人の発信を見れば、この人にかかわれば、「自分がどうなれるか」が明確にイメージできるからです。

「モテ」という2文字の中に、世界観がギュッと濃縮されている。そして、彼女の発信を見れば「モテるとは男の人を落とすことではなく、男性からも女性からも愛される女性になること」という彼女の意思が伝わってくる。そこに共感する人がファンになっていくのです。

一方、同じようなカタカナ肩書きで、よくあるのが「ビジョンライフクリエーター」のような肩書きです。自己啓発系の何かかな？ということは伝わりますが、「自分にとってどういいか」は見えてきません。伝わる速度が遅いのです。言いたいことを詰め込んで、長くなった肩書きも見受けられます。「トータルビューティライフスタイルコンサルタント」のようなパターンです。こうなると、完全に「自分の言いたいこと」を肩書きにしただけで、相手の目線がゴッソリ抜け落ちています。

　コンサルタント、カウンセラー、インストラクター、プランナー、プロデューサーなど、自由に言葉を組み合わせて肩書きは作れます。セラピスト、カウンセラーなどの肩書きもよく使われます。「セラピスト」は本来は、治療師や療法士という意味でしたが、今は、ごく曖昧な定義で使われています。セラピストと名乗っている方に「セラピストの定義って何ですか？」と聞いても、答えられない人が多いようです。それだけ、何となくのイメージで使われているのです。

「オリジナルの肩書きをつけることで自分の仕事をわかりやすく相手に伝える」ことが、これからの時代は、ますます難しくなるのではないかと私は思っています。

　私自身も、以前はコンサルタントの人に「コピーライターなんて言っても、わかりにくいから、肩書きを作った方がいい」と言われ「売れる文章クリエーター」という肩書きを作りましたが、口にするのも恥ずかしくて、すぐにやめてしまいました。簡単に作れる肩書きだからこそ、自分の可能性を狭めていないか、うさん臭い印象を持たれて信頼性を失っていないか、チェックすることが必要です。

オリジナルの肩書きを作る時のチェックポイント

- □ 相手にとってどういいかが伝わるか
- □ イメージが膨らむか
- □ 口に出して恥ずかしくないか
- □ 自分の活動に制限がかからないか
- □ 誤解されないか

Epilogue

「自分を売り出す1行」が完成したら

☑「自分を売り出す1行」をどこで使うか

「自分を売り出す1行」は、作って終わりではありません。どこで使うかを考えることは、どこで自分を知ってもらうかを考えることです。

今はネットを使って誰もが自分メディアを持てるようになりました。**大切なのは「自分の見込み客はどこにいるか」**という視点です。「Instagramが流行っている」「YouTubeの時代だよ」と言っても、自分のターゲットの人たちがそれを見ていなければ意味がないのです。

P.72のターゲット書き出しシートの「よく見るSNS」が基本です。P.119で考えた「ライバル」のお客様がどこにいるか、どんな媒体を見ているかも参考になります。

集客したり、商品サービスを購入してもらうには、3つのSTEPがあります。

まず、自分を「見つけてもらう」段階。

次に、自分の思いに共感し、信頼してしてくれる「ファンを増やす」段階。

そして、実際に「申込・購入してもらう」段階です。

自分メディアで集客する3ステップ

 Aさん〜Dさんにそれぞれ完成した「自分を売り出す1行」と、それをどこで使って、どう展開するかを発表してもらいましょう。

 <u>家族との時間を生み出す仕事術</u>。（キャッチコピー）
<u>1分で伝わる資料作成コンサルタント</u>（肩書き）

に決めました。その他に書き出したたくさんのキャッチコピーはこれから活動するうえで、ブログの記事タイトルや告知文などに色々使えそうです。

会社が副業可能なので、会社のものとは別に2枚目の名刺を作りブログを始めようと思います。Facebookも、「自分を売り出す1行」を入れてビジネス仕様に変更します。メルマガも始めようと思っています。

それから、社内で新規事業のビジネスコンペがあるので、そこに出す資料を作ります。副業という形で始めて、テストを繰り返しながら、いずれは本業にできるようにしていきたいですね。

Aさん　自分を売り出す1行

家族との時間を生み出す仕事術。 キャッチコピー

1分で伝わる資料作成コンサルタント 肩書き

子どもが邪魔だと思ってしまう起業ママのばんそうこう
Bさん　（キャッチコピー）

心と時間のストレスを解消　（サブコピー）

コーチング　SNS・事務サポート　セミナールーム　（業務内容）

　という形にしました。自分が誰に何をしたいか、曖昧にしか分かっていなかったのがハッキリと形になりました。「子どもにイライラする」ではなくて「子どもが邪魔だと思ってしまう」としたのは、私にとっては挑戦ですが、それだけの思いを込めた決意のキャッチコピーです。

　この「自分を売り出す1行」を使って、名刺を作り、ブログを始めます。自分を見つけてもらうために Instagram を使い、子育てママが集まる場所や、ママ起業家が集まるランチ会などに行った際に渡すチラシも作ろうと思います。メルマガも始めたいです。ワー

クで書き出したことが、すべてブログやメルマガのネタになりそうなのが嬉しいです。

 Bさん　自分を売り出す1行

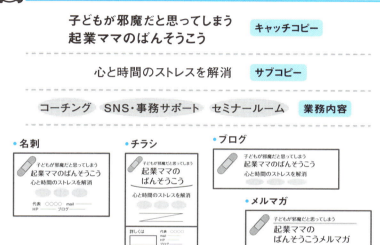

 Cさん　ネットの口コミは、敵にも味方にもなるから。（キャッチコピー）

「何であっちの店が流行るんだ？」を集客支援でなくす。（サブコピー）

　今までは、名刺に「グラフィックデザイナー」という肩書きしか入れてなかったので、この「自分を売り出す1行」を入れた名刺をまず作ります。そして、受け身の仕事ではなく、自分で発信していくためにブログと自分のホームページを作ります。今まで人のホームページをたくさん作ってきましたが、これからはフリーランスこそ、自分の発信拠点を持つべきだと強く感じました。そこに読者を

集めるために、Facebookをビジネス仕様に変えます。それから、経営者が集まる勉強会や交流会に行ったときに配るチラシを作ります。知り合いの飲食店経営者にまず声をかけて、反応を見ながらビジネスとして軌道に乗せていきたいです。

 Cさん 自分を売り出す1行

ネットの口コミは、敵にも味方にもなるから。 キャッチコピー

「なんで、あっちの店が流行るんだ?」を集客支援でなくす サブコピー

 ふんわりカットで、年齢を魅力に変える。（キャッチコピー）
Dさん 美人再生ヘアスタイリスト（肩書き/サービス名）

　これまでのお客様やご新規のお客様に配る名刺をまず作ります。お店の名刺には、単に「スタイリスト」と書いていただけなので、そこに「自分を売り出す1行」をプラスします。オーナーや店長にも「自分を売り出す1行」を作らせようと思います。それから、ターゲット世代の女性に向けて、ヘアスタイルや髪のお手入れ、ヘアアレンジを伝えるブログを始めます。髪型のことは写真や動画が

伝わりやすいと思うので、「美人再生ヘア」のInstagramとYouTubeも始めようと思います。

　これまで美容師としての自分のウリや特長をコレとはっきり言えなかったけど、「自分を売り出す1行」を作ったことで、自分が進むべき方向性が見えてきました。発信して自分をたくさんの人に知ってもらい、見込みのお客様がしっかりと増えてから独立開業したいと思います。

 Dさん　自分を売り出す1行

ふんわりカットで、年齢を魅力に変える　`キャッチコピー`

美人再生ヘアスタイリスト　`肩書き/サービス名`

・名刺　・ブログ　・Instagram　・YouTube

☑ ブログタイトルも、企画書も、セミナーも作れる「公式」

| ターゲット | ＋ | ベネフィット | ＋ | 肩書き・サービス名 |

　これはコンセプトをつくる際の公式です。この公式を使えば、ブログやメルマガのタイトルも企画書のタイトルも、セミナーのタイトルも作れます。

働く女性が　ホルモン周期で美肌をつくる　リズムケアサロン
ターゲット　　　　　ベネフィット　　　　　商品・サービス名

「結局どういうこと？」と聞かれる人が、　商談を必ず決める　勝負
資料の作り方　　　　　ターゲット　　　　　　　ベネフィット
サービス名

　書き出してみて長いなと思ったら、「ターゲット」か「ベネフィット」のどちらかにしぼるといいでしょう。

「結局どういうこと？」がなくなる　勝負資料の作り方
　　　　　ターゲット　　　　　　　　　サービス名

商談を必ず決める　勝負資料の作り方
　ベネフィット　　　　サービス名

　ポイントは、自分が言いたいことではなく「相手が知りたいこと」を伝えるということです。

「自分のウリはこれ！」「他との違いは……」という内容をタイトルや企画に入れるのではなく、「どんな人にどんな変化を与えるか」を伝えることが大切です。

☑「自分を売り出す1行」は就活に使える

「自分を売り出す1行」を作るワークは、就職活動にも役立ちます。実際、「自分を売り出す1行を作るワークショップ」には何人かの就職活動中の学生が来てくれました。

そのうちのSさんの事例を見ながら、どうやってエントリーシートを書いていったかを説明します。

エントリーシートに書くことは、大きく2つです。

1）自己PR／学生時代に頑張ったこと

2）志望動機

Sさんは、「特にやりたいこともないし、学生時代にも何もやっていない」という女性でした。やりたいことがないのはわかるけど、学生時代に何もやってないということはないでしょう？　と聞いてみると「祖母の介護をしていた。もともと父は鬱病で会社を辞めていて母が働いていたが、同居の祖母も介護状態になり、私は学校から帰ったら、祖母の介護の手伝いばかりで部活もバイトも何もしていない」と言うのです。

SさんにはSTEP1でおばあちゃんの介護をする中で誰かに喜ばれたこと、感謝されたことを書き出してもらいました。

そこで出てきたのが、

・祖母の様子を共有できるように、母と連絡ノートを書いていた。初めは事務的なことを書いていたが、だんだん母とお互いの気持

ちを書くようになって、初めて母と心が通じたような気がした。
・母が介護をするときのエプロンが地味できらいと言っていたので、自分とおそろいでかわいい布でエプロンを作った。
・自分や母の食事から取り分けて、祖母が食べられる介護食を作るように工夫した

などたくさんありました。

STEP2で、そこから「介護に疲れている人が、自分の生活を犠牲にせず暮らせる」というターゲット像を作りました。次に、「介護に疲れている人が、自分の生活を犠牲にせず暮らせる」ようにしたいと思っている人はどこにいるかを考えてみます。もちろん、介護業界もそうでしょう。他にも、「Sさんが大学生活をかけて祖母の介護をしてきた経験」が役立てる業界はあるのです。

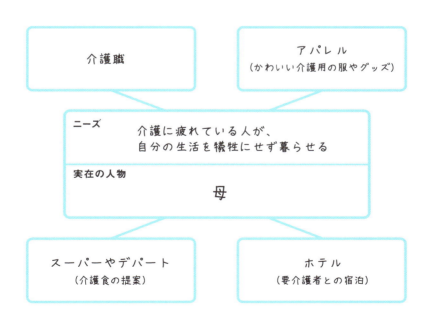

STEP3で、自分の資源を掘り起こしてみると、Sさんはファッションが好きだったことを思い出しました。でも、どうせ家と学校の往復だけだからと、おしゃれな服を買うこともあきらめていたのです。だからこそ、介護をする人にも自分のことをあきらめてほしくないという思いを込めて、おしゃれな介護服や介護グッズを企画したいと「アパレル業界」を、これからは介護食もインスタントだけではなく、家族の食事から簡単に取り分けができるようにしたいという思いから「スーパーやデパートなどの流通業界」を、そして「介護する人も、される人も、日常を忘れて非日常の場でゆったり過ごしたい」という思いから「ホテル業界」をそれぞれ志望することにしたのです。

ここまでしっかり考えていると、エントリーシートに書く

1）自己PR／学生時代に頑張ったこと

2）志望動機

も迷わず書けるようになります。

「自己PR」とは、学生時代にやってきた「偉大なことをアピールする場」ではないのです。やったこと自体はささやかでも地味でも、そこにどんな意味を見出せるかがポイントです。そして、その自分がやってきたことをもとにして「企業に対して自分がどう貢献できるか」を書けばいいのです。

「志望動機」は、STEP4のワークをもとに書きます。まず、志望する会社の理念や社長の言葉や業務内容をしっかり読みます。次に、それに対して自分が相手に対してできることは何か、相手が感じる効果は何か（＝メリット）、相手が得られる未来は何か（＝ベネフィット）を書いていくのです。

「自分は何もしていない、何がしたいのかもわからない」と言っていたSさんは、最終的にはアパレル業界とホテル業界に志望を定

め、1社ずつ思いを込めて書いたエントリーシートを見せてくれました。彼女のような学生に企業も来てほしいと願うはずです。

☑ ピッタリの言葉を見つける力を身に付ける

　ここからは、「自分を売り出す1行」を作るために必要な、「言葉の見つけ方」についてお話していきます。「伝えたいことがあるのに、言葉が見つからない」という声をよく聞きます。

　頭の中にはイメージがあるのに、「上手く言葉にできない」ということはよくあります。ピッタリの言葉を見つけるには、自分の頭の中だけでウンウン考えていても出てきません。

　私が「コピーライターです」と言うと、「言葉が降ってくるんですか？」とよく言われます。「いやいや、降ってこないよ、言葉は見つけるもんだよ」と思っていたのですが、最近は、「言葉が降ってくる状態に自分を持っていくことはできる」と思っています。「こういうことが言いたいんだけど、上手く言葉にできない」とあれこれ悩んでいるときに、コレという言葉がフッと降りてくることが確かにあるのです。そういう状態に自分を持っていくために、私がやっていることをご紹介します。

☑ 語彙力よりも、
　「ターゲットの心の中を知ること」が大事

「語彙力がないんです」「ボキャブラリーが少ないので」。セミナーに来る方によく言われるセリフです。今、巷では「語彙力」が流行っています。書店には語彙力をテーマにした本がずらりと並んでいます。でも「自分を売り出す1行」を作ったり、キャッチコピー

を書いたりするのに、必要なのは語彙力ではありません。難しい言葉や「デキる人」に見える言葉の知識を増やすのではなく、自分が伝えたい相手が「あ！これ私のことだ！」「俺のことを言っている！」と思うような言葉を書けるようになることが大切です。そのために必要なのは、難しい故事成語やビジネス用語を覚えることではありません。また、「日本語として正しいか」「文法として合っているか」を気にする人も多いですが、あまり関係ありません。大切なのは、日本語として正しいかよりも、相手に伝わるかです。

☑ 机の上で考えていても言葉は出てこない

　ワークをしたりアイデアを考えるのは、基本的に机の上です。でも、ペンが止まったなと思ったら意識してその場を離れてみましょう。デスク周りをウロウロする、外の空気を吸いに散歩をする、それだけでも止まっていた思考が動き出すのがわかります。セミナーや講座では、「帰り道にいい言葉が見つかった！」と言われることがよくあります。自転車に乗っているとき、シャンプーをしているとき、キャベツの千切りをしているとき、など。何かをしているときに言葉がフッと降りてくることはよくあります。そのときは、必ずメモをしましょう。忘れないと思っていても、人は忘れます。私も昔は、「メモをしなくても、覚えているものがいいアイデアだ」なんて思ってメモをしていなかったのですが、忘れてしまうので、今はメモ魔です。

☑ メモをしない人に、アイデアは降ってこない

　私はスマホに音声でメモを取っています。iPhone の Siri に「メ

モして」と話しかけて、「メモ」を起動し、思いついた言葉を話すだけです。また、「メモ」と Gmail を同期しているので、メモしたことは Gmail で自分にメールします。Gmail は、検索機能が付いているので、後から探すのに便利です。

　気になったことはとにかくメモする。アナログでもデジタルでもいいですが、必ず見つけやすい状態にしてどこか 1 ヵ所にまとめておくこと。「どこに書いたかわからない」では意味がないのです。

　メモを取ることの必要性はよく言われていますが、私がそれを痛感したのは、社会人になってすぐのことでした。上司に飲みに連れて行ってもらった場に、有名なCMプランナーの方がおられました。その方は私の真向かいの席で、どんなCMが人に届くのか、アイデアはどうやって考えるのかなどを熱く語ってくださいました。私は、お箸を片手に、「いい話を聞いているなぁ」「ためになるなぁ」と思っていました。終電の時間になり、私が失礼しようと席を立った時、その方が「この子は、ダメだな」とぼそっとおっしゃいました。「せっかく、いい話をしているのに、メモも取らない。それではコピーライターなんか無理だな」。私は、アタマに叩き込んでいるつもりでした。でも、実際は、聞いたことなど帰って寝たらほとんど忘れているのです。「これだ」と思った話や言葉は、すぐにメモを取らないと消えてなくなってしまう。それから、どんなときでも、私はメモを取るようになりました。友達と話しているときなども、「あ！」と思うことがあれば、すかさずメモをします。食事中にテーブルの上にノートを広げるのはさすがに無粋なので、そんなときは忘れないように簡単な単語だけをパッとメモします。

　講座やセミナーをしていても、メモを取る人と取らない人に分かれます。講師が口にしたことは、テキストや本には書いていない金言です。講師の言葉も、そのとき自分の頭に浮かんできた言葉も、隣の

席の人が言った言葉も、気になったらすぐにメモ。これが鉄則です。

☑ 自分のスマホにない情報を取りに行こう

　情報収集というと、一番に思い浮かぶのがスマホだと思います。でも、自分のスマホの中にある情報だけを見ていたら、世の中は見えません。自分のスマホの中にある情報は、「自分のためにカスタマイズされたもの」だからです。SNSは、自分がフォローしている人や、自分が「いいね！」などのリアクションをした人の投稿が上がってくるようになっています。自分のフィードには、自分と価値観や生活スタイルが似ている人の投稿が並んでいるのです。会社員は会社員の、起業している人は起業している人の、同じような価値観や経済観念を持っている人の投稿を見ている、という意識をしっかり持っておきましょう。SNS以外も、ニュースも広告も、自分の閲覧履歴や検索ワードなど様々な情報をもとに「自分用にカスタマイズされたもの」です。自分のスマホの中にはない情報を取りに行く、という意識が必要です。

☑ 言葉を集める方法① 書店に行く

　言葉をインプットするには、本や雑誌は最適です。でも、自分の家の本棚にある本や雑誌だけでは足りません。それは、「自分のフィルター」を通したものだからです。

　本や雑誌を見る目的は2つあります。1つは「今流行っている言葉」「世の中の人が気になっている言葉」を知ることです。それは、書店で平積みされている本や雑誌のタイトルや見出しを見ればわかります。書店に行くときは、自分が興味のある棚以外の棚にも足を

運んでみましょう。コーチングの仕事をしているなら、ビジネス書や心理学の棚だけを見るのではなく、生活書や児童書、俳句やスポーツ、歴史書など、全く違うジャンルの本に書いてあるタイトルも参考になるのです。

2つ目は「ターゲットの気持ちを知る」ことです。そのためには、ターゲットの人が読みそうな雑誌が参考になります。たとえば40代前後の女性が読む雑誌には、たくさんの種類があります。節約や生活の知恵が好きな主婦が読む雑誌『ESSE』や『サンキュ』、手作りやおうちパーティが好きな主婦が読む『Mart』、ファッションが好きな女性が読む『Marisol』、子どもがいても自分にお金をかけていたい『VERY』など、細かくターゲットが分かれています。雑誌によって、特集記事の内容が異なり、掲載されている洋服の金額の桁が1つ2つ違うのです。自分のターゲットを「40代の働くママ」なんていう漠然とした設定にしてはダメな理由はここにあります。

今、雑誌を読む人は減ってきていると言われていますが、でもやはりプロの視点で編集された雑誌は参考になります。自分のターゲットの人がどんなことを考え、何にどれぐらいお金をかけているのかを知るバロメーターになるのです。

☑ 言葉を集める方法② 現場へ行く

ターゲットに刺さる言葉を書くためには、ターゲットの声を聞くのが一番です。そのためには「現場」に行くこと。つまりターゲットが集まる場所に行くのです。自分のターゲットの人は、どんなところにいるか？　それを考えるのが第一歩です。P.119で考えたライバルのお客様がいるところも、1つの答えです。

それ以外にも、自分でテーマ設定をしてお茶会や交流会を開くの

も一つの方法です。私も、過去に「文章のモヤモヤ解消ランチ会」というのを開催していました。そこに来る人は、自分の思いを上手く文章にできない人や、集客するための文章を書きたいと思っている人です。そうやってテーマを設定して集まった人に対して、ヒアリングをしたり、集まる人の声を拾うことで、リアルな「セリフ」を集めるのです。

　セミナーなどで「お客様の声」や「アンケート」を書いてもらうこともあるでしょう。でも、紙に書かれた言葉は、アタマで考えて書いた言葉です。それよりも、思わずポロッと口にした会話やお客様同士のおしゃべりの中にある「セリフ」の方がリアルです。
「セリフを拾う」のは、電車やカフェでもできます。私は、カフェなどでターゲットっぽい人がいると、その人たちの会話をよく聞いています。友達に愚痴っていることや相談していることは、ターゲットが何を悩んでいるか、何に困っているかを考える際の大きなヒントになります。

☑ 言葉を集める方法③ なぜいいのか？ を考える

　本や映画のタイトル、雑誌の見出し、電車の中で見つけた広告のコピー。「いいな」「面白いな」と思ったら、それをそのままストックするだけじゃなく「なぜ、いいか」を考える癖をつけましょう。なんかいいよね〜で済まさずに、なぜ自分はそれに魅かれたのかを言葉にするのです。なんかいいよね〜と受け流していれば、永遠に「受け手」のままです。情報の発信者になるためには、世の中にある「自分がいいと思ったもの」「人がいいと言ったもの」「流行っているもの」などを、分析することです。

　広告のコピーや本のタイトルは、「どんなターゲットの、どんな

悩みを解消する商品なのか、伝えたいベネフィットは何か」を逆戻しして考えてみましょう。それをしていくと、どんな言葉がどんなターゲットに刺さるかが見えてくるようになります。

☑ 言葉を集める方法④ SNSはコメントで言葉力を磨く

SNSにもいろんな種類がありますが、FacebookやTwitterは日常のことを気軽に呟き、反応が返ってきやすいメディアです。私は、Facebookには思い付いたことをあまり考えずに気軽に書いています。

自分が思ったことを、まだ上手く言葉にできていない状態でも投稿するのです。上手く書こう、いい言葉に磨いてから書こうとすると難しいですが、途中の状態でもいいと思えばハードルは下がります。そして、そこに付くコメントに返信をします。コメントには「その気持ちわかります」という共感や「私の場合は、○○です」という事例、「それって、こういうことですか?」という質問が返ってきます。そこに返信すると、返信のところに書いている自分の言葉が、初めに書いたことよりも具体的に、自分の言いたいことを言葉にできていることが多いのです。だから私は、何かアイデアを思いついたり、まだうまく言葉にできていないけど伝えたいことができたらFacebookに投稿します。そこに付いた質問に答えていくうちに、自分の思いが言葉になるということがあるからです。

☑ インプットとアウトプットの繰り返しが 「言葉のチカラ」を磨く

日本人の大人は、インプット過多だとよく言われます。勉強熱心

で、情報を収集することが得意。一方で、若い世代は、YouTube や instagram などを使い自然とアウトプットができている人も多いようです。

今は、SNS の時代。誰もが自分のメディアを使って情報の発信者になれる時代です。「自分を売り出す1行」を作ったら、それをもとにどんどんアウトプットをしていきましょう。アウトプットをすることで、あなたを知っている人が増えるのです。アウトプットをしていくことで、言葉のチカラも磨かれていきます。

☑「自分の理念」を伝えるからファンが増える

SNS で発信をしていく上で伝えることは、「自分を売り出す1行」に込めた思いであり、「なぜ、その仕事をしているか」「この活動を通してどんな社会を作っていきたいか」という自分の理念です。自分の商品やサービスの説明や、自分がどんな活動をしているかの紹介ではありません。

繰り返しになりますが、人が知りたいのは、あなたが何をしているかや、あなたの商品・サービスの説明ではなく、「自分にとってどういいか」です。「この人の考え方が好き」「この人のモノの見方が参考になる」「この人の世界観に共感する」「この人のライフスタイルに憧れる」「この人みたいな働き方がしたい」「この人みたいになりたい」そんな期待感があるから、あなたの発信を読もうというファンが増えるのです。あなたの思いに共感し、あなたの理念に興味を持った人がどんどん増えていくと、発信力が高まり、社会に対しての影響力が持てるようになります。それが自分の名前で仕事をするということです。

商品・サービスはあくまでも「自分を売り出す1行」に込めた思

いに顧客を引っぱっていくための手段であるということです。

　たとえば、私の自分を売り出す1行は「自分の言葉で、生きていく。」です。自分の言葉で自分の価値を伝えられれば、仕事はゼロから作り出せるということを伝えたくて、講座やセミナーをし、メルマガや本を書いているのです。私が、その思いを伝えるために、SNSで発信していることは、文章の書き方だけではありません。私が発信しているテーマは、●ゼロから仕事を作る　●時間や場所に制限されない働き方　●子どもがいてもやりたい仕事をする　●女性の働き方　●文章で集客　●思いを言葉にする方法　などです。子育てのことも書いていますが、育児記録ではなく、「乳幼児を含む子どもが3人いても、こうやれば自分の名前で仕事ができるよ」という提案です。

　このように、「自分を売り出す1行」から派生するテーマを決めておくといいでしょう。Instagramで使う＃（ハッシュタグ）のようなものです。テーマを決めておくと、SNSなどでアウトプットがしやすくなりますし、そのテーマに共感するファンが自然と集まってくるようになります。

プチワーク　あなたは、自分にどんなタグをつけますか？

おわりに

　ここまで、「自分を売り出す1行」の作り方と、作った後の使い方を紹介してきました。いかがでしたでしょうか。実際に手を動かしてワークをした方は、「自分を売り出す1行」がいくつか作れたと思います。「これでいいのかな？」と思ったら、ぜひ周りの人に見せてください。そこで出てきた意見や質問に答えていくうちに、「自分を売り出す1行」がブラッシュアップされていくはずです。「これで行こう！」と決めたらなら、ぜひそれを使って発信をしていってください。初めは、恥ずかしい思いがしたり、こんなことを自分が言っていいのかな？　と心もとない気持ちになるかもしれません。でも、「自分を売り出す1行」は必ずあなたを引っぱっていってくれます。

　これを書いている今日も、講座で一緒に「自分を売り出す1行」を作った方からメッセージが来ました。「はじめは、いいキャッチコピーができたぐらいに思っていたのですが、2日たってみて、すごく自分に馴染んできました。まさに、「自分を売り出す1行」って感じです。この1行を思い出せば、いつでも自分の方向性を確認できそうです」。その方は、早速ホームページを作り、SNSのプロフィールを一新し、新たな顧客層に向かって発信を始めました。行動する人だけが、望む成果を手に入れられるのです。
「自分を売り出す1行」は、多くの情報の中からあなたの理想の顧客があなたを見つけるための光になります。そして、あなた自身が、これからの人生に迷ったり、進む方向を見失いそうになった時の「ここに向かって進めばいい」という光にもなるのです。

　私自身は、会社を辞めて自分の名前で仕事をするようになってから、3回、「自分を売り出す1行」を作り変えました。

初めは、「言葉で育児がラクになる」というキャッチコピーで、「出産育児ライター」という肩書きを自分に付けました。それがきっかけで、仕事がゼロの状態から、雑誌社や広告代理店からいくつもの仕事を得ることができました。

その後、自分で講座やセミナーをやるようになったタイミングで、新たに作ったのが、「3秒で心をつかみ、読むほどにファンになる。」という「自分を売り出す1行」です。ファンが増える文章、キャッチコピー、集客告知文という3つを作れば集客文章が完成するというテーマで集客文章講座を始め、全国から毎月たくさんの方が講座に通ってくれるようになりました。メルマガの読者が150人から2500人に一気に増えました。「ブログを見て」と商業出版のオファーが来て、1冊目の著書である『キャッチコピーの教科書』（すばる舎）を出版することができました。

☑「自分を売り出す1行」は自分とともに進化していく

そして、今回新たに作った「自分を売り出す1行」は、「自分の言葉で、生きていく。」です。前回の「自分を売り出す1行」も、自分にはとても馴染んでいたし、それで私を知ってくれた人が多かったので、変えるのには少し躊躇しました。でも、時代が変わってきたのです。

「いい商品やサービスがあるのに売れていない人を救いたい」という思いで、私は活動していました。でも、時代が変わり、「商品やサービスをいかに上手く売るか」よりも「誰が売っているか」「どんな思いで仕事をしているか」「そこにどんなストーリーがあるか」が注目されるようになってきたのです。

「この人がいいと言うなら買う」「この人が紹介するなら欲しい」

というように、大切なのは「人」であって、極端に言うと「商品や
サービスは何でもいい」のかもしれない。そんな時代の空気を感じ
ました。冒頭にも書いたように、今は1つの仕事を一生やっていく
のが難しい時代です。実際に私の講座やセミナーに来る方も、
「やっていることは1つじゃない」という人が増えています。なら
ば、いかに商品サービスを売るかではなく、その人自身に付ける
キャッチコピーを作る必要がある。単に商品やサービスの売り方を
考えるよりも、もっと人の人生に深くかかわることができるはずだ。
これからはそこをテーマに活動していこう。そう決めて、「自分の
言葉で、生きていく。」という「自分を売り出す1行」を作りまし
た。

　このように、「自分を売り出す1行」は、自分の活動が変わった
ときや時代の流れが変わったなというタイミングで、進化させてい
けばいいと思います。今、「自分を売り出す1行」を作ったからと
いって、一生それを大事に守っていかなければいけないわけではあ
りません。「自分を売り出す1行」は、自分を引っぱっていってく
れるもの。目的地にたどり着いたなら、次の目的地を決めて、そこ
に向かう新たな「自分を売り出す1行」を作ればいいのです。

　あなたの人生の地図は、あなたが自由に描けます。私は、「自分
を表す1行」を作ることで、思い描いた以上の未来を手に入れてき
ました。新しい「自分を売り出す1行」も、きっと私が望む以上の
場所に私を連れていってくれると確信しています。

　あなたはどこへ向かいますか？　あなたの作った「自分を売り出
す1行」が、その行先を照らす北極星になりますように。

巻末付録

「自分を売り出す1行」
ワークシート

ぜひご自身で「自分を売り出す1行」を作ってみてください。

下記ウェブサイトから、無料でワークシートをダウンロードできます。

自分でも気づいていない「自分の価値」が必ず見つかります。

さわらぎ寛子　ホームページ

https://kotoba-works.com/

Step1 (P.47)
自分がやりたくて、再現性のあるものをピックアップする

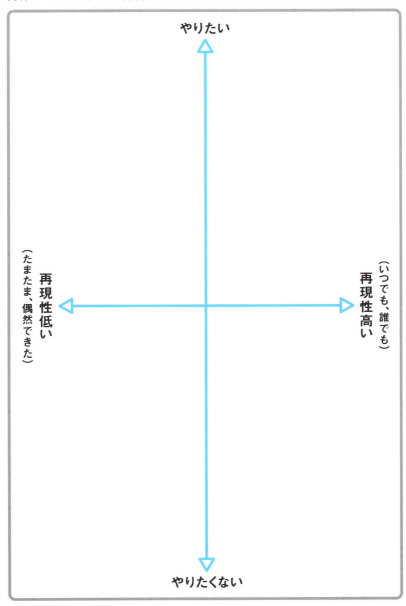

Step2 （P.51）

自分にヒーローインタビューをする

1 なぜ、それがうまくできたのですか?
なぜ、あなたにそれができるのでしょう?
どういうところに自信がありますか?

2 何かコツがあるのですか?
ポイントはどんなところですか?　うまくいく秘訣は?

3 うまくいかなかったことはありますか?
それはどんな時で、その時どうしましたか?

4 とくに大事にしているのはどんなところ?
何に重きを置いていますか?

5 そこから得た教訓は?
どんなことを学びましたか?

Step2 (P.61)
ターゲットの悩みと理想を考える

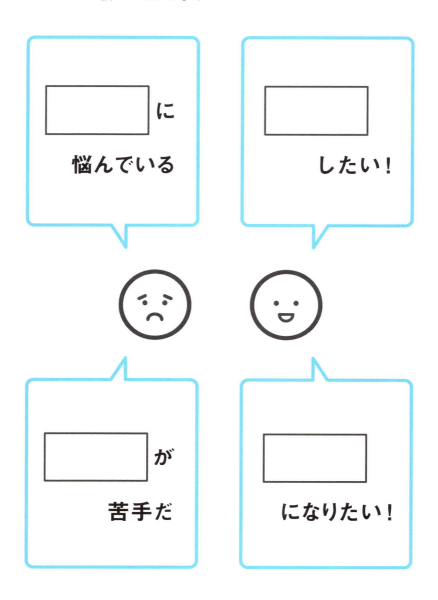

Step2 （P.72）

ターゲット書き出しシート（実在の人物を一人決めてその人について書き出す）

名前（実在の人物）			
性別		職業	
年齢		収入 （主婦の場合は世帯収入）	
家族構成			
趣味			
よく見る雑誌やメディア			
よく見るSNS			
口ぐせ			
人からよく言われること			
うれしい誉め言葉			
今チャレンジしていること			
よく検索するワード			
気になるハッシュタグや見出し			
コンプレックス			
やりたいけどできてないこと			
出没場所			

巻末付録 ● ワークシート

Step2 (P.77)
そのニーズを持っている人は、他にもいる

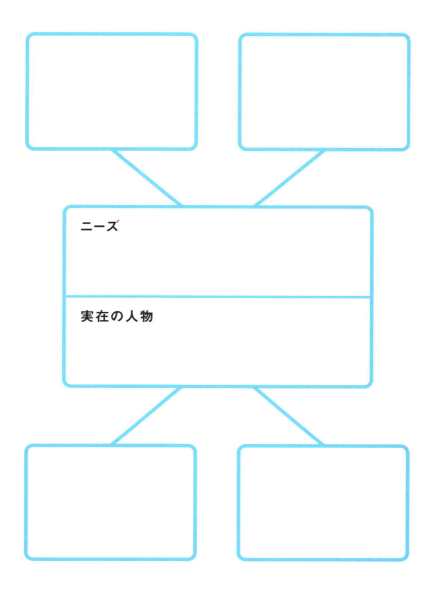

Step3 （P.94）

自分の資源を書き出す

仕事の専門性（どんな専門性を持っているか=これまで経験したすべての業界・職種）	
仕事上の経験（=職種に紐づかない経験、そこでどんな役割をしてきたか?）	
実績（実際にやり遂げた成果や業績）	
仕事やプライベートで取り組んだ自分なりの工夫	
コンプレックスを克服したこと	
スキル（得意なこと、人よりたくさん知っていること、特に勉強したことなど）	
人脈（どんなジャンルの人とつながっているか、新しいことを始めても協力・応援してくれる人は誰か）	
性格（人から言われる長所や短所）	
資格	
ストレスなくできること、気づいたらできていること	

Step4 （P.109）
相手にとってどういいかに変換する

❶相手のために何ができるか

❷相手が感じる効果は何か（＝メリット）

❸相手が得られる未来は何か（＝ベネフィット）

Step6 （P.124）

思考を深める5つの質問

❶なぜ?（理由）	コンセプト	❷どうやって?（方法）
なぜ、それをするの? なんのためにするの?		どうやってそれを するか?

❸それでどうなるの? （結果）	❹例えば?（シーン）	❺その時なんて言う? （セリフ）
それによって、どんな 変化が起きる?	それが達成できたら、 どんな景色が見える?	ターゲットが言いそうな セリフ （不安・不満・不便） （喜びのセリフ）

さわらぎ寛子（さわらぎひろこ）

コピーライター。コトバワークス株式会社代表取締役。
1978年生まれ。京都府出身。関西大学社会学部卒業。大学4年生のときから、大手広告代理店にコピーライターとして出向し、食品、美容、ホテル、学校、病院、製薬会社、電鉄などあらゆる業種の広告制作を手掛ける。書いたコピーは、3万件以上。
近畿日本鉄道の「舞台は、伊勢志摩」キャンペーンなど大手企業の広告制作を担当するほか、雑誌・書籍の編集ライティングなども手掛ける。世界トップレベルの料理人や経営者など、取材した人は1500人を超える。
「2時間でキャッチコピーが作れる」メソッドを独自で開発。「キャッチコピー」や「集客文章」「自分を売り出す方法」に関する講座を開催。自分メディアを使って集客したい、売上を上げたいと願う経営者や起業家から高い評価を得ている。
著書に『キャッチコピーの教科書』（すばる舎）

【無料メルマガ】「自分を売り出す」言葉のチカラ
https://resast.jp/subscribe/38703

【さわらぎ寛子　ホームページ】
https://www.kotoba-works.com

今すぐ自分を売り出す1行を作れ

2019年3月1日　第1刷発行

著者　　　　　　さわらぎ　寛子
発行者　　　　　佐藤　靖
発行所　　　　　大和書房
　　　　　　　　東京都文京区関口1-33-4
　　　　　　　　電話　03-3203-4511

装丁　　　　　　　　　根本佐知子（梔図案室）
本文デザイン・DTP　　松好那名（matt's work）

本文印刷　　　　　光邦
カバー印刷　　　　歩プロセス
製本　　　　　　　小泉製本

©2019 Hiroko Sawaragi, Printed in Japan
ISBN 978-4-479-79683-1
乱丁・落丁本はお取り替えいたします。
http://www.daiwashobo.co.jp/